Meine Mutter hat es mir nie gesagt.
Aber ich glaube fest daran,
in einem Restaurant geboren zu sein.

Die Gastronomie ist nicht einfach
und mit viel Arbeit verbunden.
Aber garantiert wird es nie langweilig.

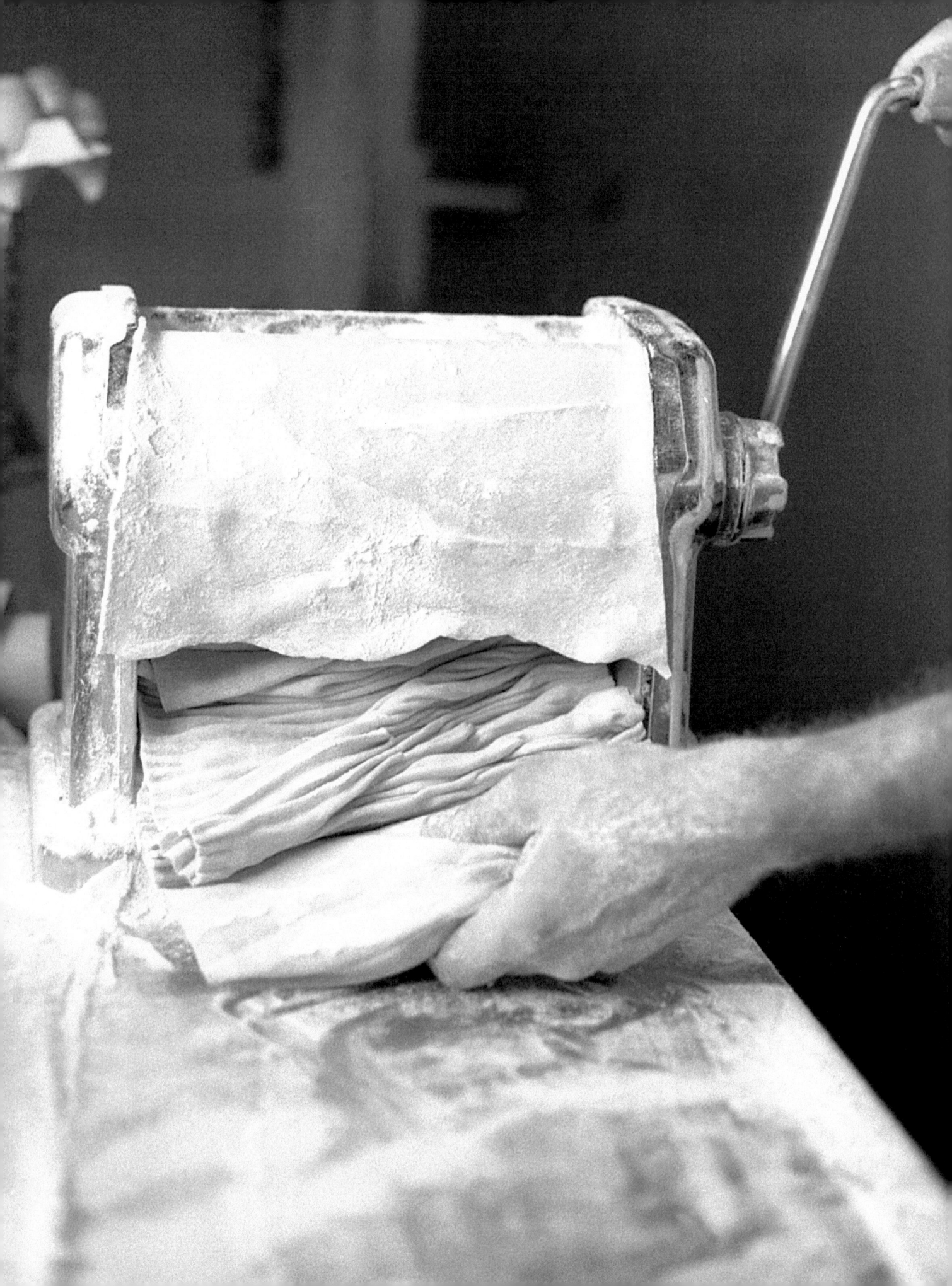

Warum wir keinen Stern haben?
Weil wir keine Astronauten sind.

Wir alle arbeiten,
um Geld zu verdienen.
Aber den großen Lohn
ernten wir dann,
wenn Gäste sich verabschieden
und sagen „Danke.
Das war ein schöner Abend."

Antonio Cotugno

Gutes Essen ist gutes Leben

Die einfache italienische Küche

Fotografie
Ferdinando Cotugno
Redaktion
Gerd Rindchen

Ellert & Richter Verlag

Inhalt

Vorwort
Eine Gastronomiepersönlichkeit der besonderen Art

Antonio Cotugno, den alle nur Toni nennen, lernte ich im Jahre des Herrn 1981 kennen. Toni hatte seinerzeit ziemlich funkelnagelneu sein L'Europeo übernommen, ich arbeitete als Zivildienstleistender in der mobilen Altenbetreuung in der nahegelegenen Diakoniestation. Parallel war ich aber schon Nebenerwerbsweinhändler, düste mit einem tapferen kleinen, ständig überladenen Fiat Fiorino durch die Gegend und belieferte auch schon den einen und anderen Gastronomen. Unter anderem importierte ich damals einen qualitativ ziemlich herausragenden Montepulciano d'Abruzzo, den ich auch, was zu dessen Qualität überhaupt nicht passte, in der berüchtigte Zweiliterflasche hatte abfüllen lassen.

Toni, den schon damals ein unbestechliches Gespür für Qualität auszeichnete, erkannte sofort den ungeschliffenen Rohdiamanten im überaus schlichten Gewand, kaufte mir diesen Wein ab und schenkte ihn zur Freude aller bei sich aus. Leider blieb es im Verlauf der folgenden 36 Jahre – so lange war ich Weinhändler – der einzige Wein, den ich ihm verkaufen konnte. Aber das hatte natürlich seine Gründe: Denn rasch hatten die betuchten Elbvorörtler erkannt, was für ein begnadeter, qualitätsverliebter Gastronom da seine Zelte in ihrem Revier aufgeschlagen hatte. Und dazu mussten natürlich die glamourösen Weinnamen her für die kostspieligen Gerichte der Schönen und Reichen.

Tonis einnehmende Art, seine Fähigkeit, Menschen zu führen und in ihren Talenten zu fördern und zu fordern, die Gabe, nahezu jedem Gast das Gefühl zu geben, ein kleiner König zu sein, und nicht zuletzt sein kompromissloses Qualitätsstreben bei der Beschaffung bester Rohprodukte, die sich unter seinen Händen in authentische und köstliche mediterrane Gerichte verwandeln, führten rasch dazu, dass aus dem optisch recht schlichten L'Europeo eine beeindruckende Erfolgsgeschichte wurde.

Nun hat er, im zarten Alter von 70, seine Lebenserinnerungen zu Papier gebracht – angefangen bei seiner kulinarischen Kindheit und Jugend in Neapel über seinen erst steinigen und dann so erfolgreichen Werdegang in Hamburg bis hin in die Gegenwart.

Herausgekommen ist dabei ein unterhaltsames Buch, gespickt mit zahlreichen Anekdoten und Anekdötchen, und darüber hinaus überaus nützlich: Denn es enthält ein gerüttelt Maß raffiniert einfacher Rezepte, die sich am heimischen Herd problemlos nachkochen

lassen. Und wer dabei feststellt, dass ihm das zu Hause nicht ganz so perfekt glückt – der kann diese schönen Traditionsrezepte ja immer noch im L'Europeo genießen. Ich fand es jedenfalls überaus spannend und unterhaltsam, Tonis bunte Lebensgeschichte aufzuzeichnen und wiederzugeben und wünsche Ihnen in jeder Hinsicht viel Freude mit diesem, seinem Buch!

Gerd Rindchen

Antonio Cotugno

Das Essen ist Leben
Die Gastronomie ist Leben
Mein Leben ist die Gastronomie!

Es ist sicher nicht einfach, ein ganzes Leben zu erzählen, und über 50 intensiv gelebte Jahre in der Gastronomie auf wenigen Seiten zu beschreiben. In diesem Buch will ich Ihnen die wichtigsten Phasen, die spannendsten Episoden und die schönsten Geschichten aus dieser Zeit nahebringen. Natürlich auch dabei: einige Rezepte aus fünfzig Jahren und ein intimer Einblick in die wichtigsten Grundlagen der Gastronomie.

KINDHEIT UND JUGEND

Mein Name ist Cotugno, Antonio di Isidoro, geboren als Ältester von sechs Geschwistern in Neapel am 17. Dezember 1949. Auch mein Großvater hieß Cotugno, Antonio di Isidoro, und war am 17. Dezember geboren. Von meinem ersten bis zu meinem achtzehnten Lebensjahr musste ich also jeden Geburtstag mit meinem Großvater verbringen. Und jedes Jahr bekam ich zu diesem Ehrentag 20 Dollar geschenkt, damals gab es – gefühlt – keine Inflation. Warum ich Dollar und keine Lire bekommen habe? Das ist ein Geheimnis – aber vielleicht verrate ich es Ihnen, wenn Sie mich in meinem Restaurant besuchen kommen.

Mein Opa väterlicherseits.
Ein Mann ein Wort.

Ich bin kein Schriftsteller – viel lieber bekoche ich 40 oder 50 Personen nach allen Regeln der Kunst, als zur Feder zu greifen. Aber ich möchte einige Seiten schreiben, um Ihnen verständlich zu machen, warum das geflügelte Wort „Wer nichts wird, wird Wirt" meiner Ansicht nach keine Berechtigung hat. Wenn ich selbst Kollegen

Mein Vater, meine Oma mütterlicherseits,
mein Onkel, meine Mutter und ich
bei der Kommunion meines Onkels.

Geschwister (v.l.n.r.) Ferdinando,
Antonio, Franca, Mario, Luisa.
Strato war noch nicht geboren.

besuche und dort essen gehe, fällt mir meistens etwas auf, wie man deren Gerichte noch optimieren könnte. Und ich kann eigentlich bei allem, was ich esse, analysieren, wie und aus welchen Zutaten es bereitet wurde. Deshalb bestelle ich beim Essengehen auch immer ganz viele verschiedene Sachen – viel mehr, als ich dann am Ende aufessen kann.

Aber lassen Sie mich nun von meinen allerersten Erfahrungen mit der Gastronomie berichten.

Meine erste Berührung mit diesem Berufsumfeld hatte ich auf der Hochzeit eines Freundes meines Vaters. Eingeladen waren gut 150 Gäste, davon 40 Kinder. Das Restaurant „Zi Teresa" war damals schon eines der berühmtesten in Neapel und es existiert auch heute noch am Hafen von Santa Lucia. Damals habe ich mich

wohl entschieden, Gastronom zu werden. Als alle anderen Kinder draußen in der Sonne spielten, bin ich im Restaurant geblieben. Und ich war fasziniert von der Atmosphäre, dem Stimmengewirr, den Geräuschen der Teller und Bestecke, dem Klingen der Gläser und den Wohlgerüchen und Aromen der Canelloni della Nonna, der Gnocchi alla Sorrentina oder der Calamari Fritti. Für mich ein wahres Fest! Damals war ich gerade in die Grundschule „Cimarosa di Posillipo"

Als Kind habe ich viel Zeit mit
meiner Tante Rosaria verbracht.

eingeschult worden, wo wir Kinder täglich in der
Schulkantine ein Mittagessen bekamen. Aber
die Qualität war leider eher mit heutigen
schlechten Fast Food-Restaurants zu vergleichen.
Das einzige, was ich dort wirklich gerne gegessen
habe, war die „Gelatina di Mele Cotogne",
also Quittenspeck, wovon ich täglich eine kleine
Scheibe als Nachtisch bekam.

Die Grundschulzeit war sehr schön: Im
Unterricht kam ich gut mit, ohne allzu große
Anstrengung, und so hatte ich viel Zeit, um mit
meinen Freunden Fußball zu spielen. In den
Schulferien, die immer von Juni bis September
dauerten, habe ich aber nicht nur Fußball

gespielt, sondern bin auch meiner Mutter zur
Hand gegangen: Meine Mutter, wie alle Mütter,
war eine fantastische Frau, aber um ihre Qualitäten
zu beschreiben bräuchte es ein eigenes Buch –
vielleicht schreibe ich das ja später auch
noch mal. Meine Mutter betrieb zu jener Zeit
eine „Bouvette", ein kleines Imbissrestaurant in
einem Freibad. Da habe ich dann schon alles
gemacht: Kartoffeln geschält oder Sellerie und
Zwiebeln gewürfelt. Auch erste kleine Gerichte
wie Panzerotti (Kartoffelkroketten) oder Arancini
(Reisbällchen auf sizilianische Art), konnte
ich dort schon zubereiten. 1958, mit acht Jahren,
fing ich an, die Tafel vor der Bouvette mit den
angebotenen Gerichten zu beschriften. Aber weil
es mir leidtat, meine Mutter so hart arbeiten
zu sehen, schrieb ich hin und wieder dazu „Wegen
Ferien geschlossen". Meine Mutter wunderte
sich dann immer, dass keine Bestellungen
reinkamen, und dachte, dass niemand ihr Essen
mochte. Dabei war das Gegenteil der Fall:
Ihre Kochkünste wurden von den Gästen geliebt!

Irgendwann kamen dann die Gäste an und
fragten, wie lange denn die Betriebsferien noch
dauern würden – sie würden doch so gern wieder
die gerühmten Spezialitäten meiner Mutter

Meine Großmutter und
mein Onkel Antonio

Das Foto zeigt mich in jener Badeanstalt,
in der meine Mutter die Bouvette betrieb.

genießen. Nun merkte sie erst, was los war und
war natürlich ziemlich sauer auf mich. Bei dieser
Gelegenheit habe ich mir sogar eine Ohrfeige
von ihr eingefangen. Auch das hat mir im Nach-
hinein betrachtet gutgetan. So lang der Sommer
in Neapel ist, so lang ist auch der Winter: dunkel,
feucht und unwirtlich. So verlagerte sich dann
das ganze Leben nach drinnen. Der Mittelpunkt
war meistens die Küche, wo wir die schönsten
Momente mit meiner Mutter verbracht haben. Sie
hatte meinen Schwestern auch schon allmählich
das Kochen beigebracht und ich war immer
dabei und ließ mir nichts entgehen. Meine Mutter
hatte die meisten Gerichte von ihrer Mutter,
Nonna Luisa, gelernt. Auch sie war eine große
Persönlichkeit. In meiner Pubertät, als ich eines
Tages mit einer Freundin unterwegs war, sah
ich meine Nonna auf der Straße und habe sie nicht
begrüßt. Dafür schäme ich mich noch heute,
55 Jahre später. Meine Mutter führte ein gast-
freundliches Haus, das allen Freunden und
Verwandten offenstand. Ihr hat es immer Freude
gemacht, für alle Besucher zu kochen und sie
neue Gerichte probieren zu lassen. Dadurch waren
einige Besucher fast täglich da: Sie wussten,
dass sie herzlich aufgenommen und köstlich

bekocht werden würden – und am Ende mussten
sie noch nicht mal eine Rechnung bezahlen.

Das ist eine natürliche Gabe, die ich von meiner
Mutter geerbt habe: Den Gast mit einem Lächeln
aufnehmen und ihm sofort den Eindruck zu
vermitteln, sich wie zu Hause zu fühlen. Eines
Abends kam ein Cousin von mir zu Besuch, wie
man bei uns sagt "una grande forchetta", also ein

Schmeckt super:
Vongole (Venusmuscheln) –
ideal mit Spaghetti.
Olivenöl und Knoblauch
in der Pfanne erhitzen,
auf kleine Hitze stellen und
die Vongole hineingeben,
dann den Deckel drauf
machen. Warten bis sich
die Muscheln öffnen,
einen Schuss Weißwein
und gehackte Petersilie
hinzugeben (kein Salz!!!).
Nach Belieben etwas
Peperoncini dazu. Fertig!

großer Esser. Meine Mutter hatte „Polipetti alla Luciana" vorbereitet, kleine Pulpos mit einer raffinierten aromatischen Tomatensauce und einem unglaublichen Parfum – ein exzellentes Gericht. Voller Wonne stürzte sich mein Cousin drauf und genau in dem Moment, als er ausrief „Ach, wie gerne hätte ich zu dieser Köstlichkeit noch ein paar Linguine!", also flache Spaghetti, ging die Esszimmertür auf und meine Mutter kam mit einer großen Schüssel dampfender Linguine herein. Sie hatte die Gedanken meines Cousins erahnt. Und auch das ist eines der Geheimnisse der erfolgreichen Gastronomie: Die Gedanken deiner Gäste im Voraus lesen zu können und sie dann zu verblüffen und zu beglücken. Auch heute versuche ich meinen Mitarbeitern beizubringen, dass unsere Gäste mit uns stunden-lang über alles reden können: ihr Leben, ihre Erlebnisse, ja sogar ihre Probleme. Aber niemals darf ein Gast nach neuem Brot fragen müssen, nach einer Gabel, einer Zitronenscheibe oder Zucker zum Kaffee. Ein guter Service liest dem Gast die Wünsche von den Augen ab.

Wenn man eine treue Stammkundschaft hat, ist das ein großer Vorteil: Man kennt den Gast und man kennt seine Gewohnheiten. So können wir ihn glücklich machen, ohne dass er es merkt. Der Gast kann uns seine Probleme erzählen, aber wir dürfen uns nie erlauben, ihm unsere Probleme oder unser Unglück zu berichten. Schließlich kommt der Gast zu uns, um einen schönen Abend zu verbringen und um gut zu essen. Er ist nicht daran interessiert, ob die Flammen des Gasherdes funktionieren, ob die Kühlzelle kaputt ist oder ob die altersschwache Heizung gerade nicht genug Power hat. Wenn ein Gast mich fragt „Wie geht's?" antworte ich immer mit einem breiten Lächeln „Supergut!" – auch wenn es vielleicht gerade nicht hundertprozentig zutrifft.

Die Zeit verging, Sommer wie Winter gingen ins Land: Irgendwann war auch die schöne Grundschulzeit zu Ende und es ging in die Mittel-schule. Nach wie vor ohne große Schwierigkeiten.

Neapel ist eine Stadt am Meer, das damals auch noch sauber war. Und so säumten die Via Caracciolo unzählige „Ostricari" – Verkäufer von rohen, frischen Meeresfrüchten. Schon damals habe ich meine tiefe Liebe für köstliche Meeres-früchte entdeckt. Sonntags war es unsere Gewohnheit, entlang der Mergellina und der Via Caracciolo zu flanieren – eine der schönsten

Die Fußball-Mannschaft von Posillipo, in der ich als Torwart spielte (unten rechts).

Mein Sohn Isidoro mit seiner Freundin

Panoramastraßen der Welt. Dann bin ich mit meinem Ersparten immer zu einem der besten Ostricari gegangen, habe es ihm in die Hand gedrückt und gesagt: Gib mir so lange Meeresfrüchte, wie das Geld reicht! Ich habe es bewundert, wie schnell und virtuos die Ostricari die Austern und Muscheln mit ihren kleinen Messern aufbekommen haben. Durch die Umweltverschmutzung und die heutzutage schlechte Qualität von Wasser und Luft in und um Neapel sind die Ostricari leider nahezu ausgestorben. Heute finde ich den faszinierenden,

frischen Meeresgeschmack in den Imperial-Austern aus Holland und in den norwegischen Jakobsmuscheln. Bis heute ist „Carpaccio di Capesante", Jakobsmuschelcarpaccio mit Forellenkaviar, eines der begehrtesten Gerichte auf unserer Karte. Es lebt von der Einfachheit und der absoluten Frische der Produkte.

Außer den Ostricari säumten die Mergellina auch noch zahlreiche Stände, die gekochte Kutteln, Schweinsschnauzen und Schweinsfüße anboten. Typischerweise spazierte man damals am Meer entlang, in den Händen eine Wachspapiertüte gefüllt mit den kleingeschnittenen und gekochten Schweineteilen, abgeschmeckt mit grobem Meersalz und Saft von Amalfizitronen. Noch heute brauche ich nur daran zu denken und mir läuft schon das Wasser im Mund zusammen. Heutzutage sind diese Stände sehr selten geworden, aber als ich das letzte Mal mit meinem Sohn in Neapel war, haben wir noch einmal so eine mobile Garküche entdeckt, die das anbot. Mein Sohn probierte und war völlig verblüfft, wie gut das schmeckt. Natürlich gibt es für Kutteln auch noch zahlreiche, andere köstliche Zubereitungsmöglichkeiten: alla Fiorentina, alla Romana, mit Safran oder mit Bohnen – aber da die Deutschen

Die italienische Popgruppe *Ricchi e Poveri* wurde 1967 in Genua gegründet. Wir waren sehr stolz diese Band zur Abschlußfeier der Hotelfachschule–Ausbildung engagiert zu haben.

es gewohnt sind, Kutteln nahezu ausschließlich an ihre Hunde zu verfüttern, war ihnen hierzulande nie ein großer Erfolg beschieden.

Deswegen sage ich hin und wieder zu meinen Gästen: „Obwohl ich so häufig Kutteln esse, habe ich immer noch nicht gelernt, wie man bellt!"

Als ich mit Dreizehneinhalb mit der Mittelschule fertig war, habe ich mich, bis heute weiß ich nicht warum, bei der „Scuole Industriali Perito Elettronico", also einer Schule für eine Ausbildung in elektrotechnischen Berufen, angemeldet. Eine totale Fehlentscheidung, denn bis heute weiß ich noch nicht mal so recht, wie man unfallfrei eine Glühbirne einschraubt.

Mittlerweile hatte ich auch mein Interesse für die Mädchen entdeckt und mich nach anderthalb Jahren entschieden, diese Schule zu verlassen. Mein Vater hat auch sofort eine Arbeitsstelle für mich gefunden: Mit fünfzehn heuerte ich also im Hafen von Neapel an und musste in den Öltankern die Tanks reinigen und vom Ölschlamm befreien. Teilweise habe ich bei der Arbeit meinen Blick nach oben gerichtet, wo nur ein winziges bisschen Tageslicht durch die enge Luke hereinschien. Manchmal hatte ich Angst und habe aus Verzweiflung geweint. Glücklicher-

weise war das nur eine kurze, schreckliche Erfahrung, denn nach kurzer Zeit fand ich einen Job in der berühmten Bar Pasticceria Miranapoli, die an einem der schönsten Plätze Neapels gelegen war. Allerdings klingt das auch besser, als es war: das Miranapoli war ein großer Treffpunkt für den Apéritif am Sonntag Vormittag, und so durfte ich jeden Sonntag mindestens 2000 Gläser spülen und polieren!

Damals gab es keine Geschirrspülmaschine – ich war sozusagen das lebende Modell. Das Miranapoli war die erste Erfahrung, die ich mit der Pâtisserie gemacht habe, und die war später sehr nützlich. Da ich zu diesem Zeitpunkt noch sehr jung war, habe ich mich entschieden, in die Schule zurückzugehen und mich mit 16 an der Hotelfachschule angemeldet. Weil die Kurse für Küche und Service leider schon belegt waren (das wäre mir lieber gewesen), habe ich mich bei der Concierge-Ausbildung eingeschrieben. Nach drei fantastischen Jahren hielt ich mein Diplom in den Händen. Ich kann mich erinnern, dass wir hundert Tage vor unserer Prüfung ein großes Fest organisierten, für das wir die Band „Ricchi e Poveri" engagierten. Diese seinerzeit gerade erst gegründete Band wurde später in Italien und

Zusammen mit einem Arbeitskollegen bin ich (links) im Restaurant meines Onkels, dessen Spezialität Muschelgerichte waren.

ganz Europa sehr berühmt. Ich konnte in der Schule teilweise in die Küchenkurse hinein- schnuppern. Die Lehrer taten einfach so, als ob sie mich nicht bemerken würden, und so konnte ich auch hier einige Erfahrungen sammeln, die mir später sehr nützlich geworden sind.

In den Sommern während der Ausbildungs- zeit habe ich im Etablissement meines Onkels gearbeitet: Das war ein offenes Restaurant in Neapel, wo wir nur Miesmuscheln verkauft haben. Und zwar in allen Variationen. Das U-förmig errichtete Restaurant stand auf einem Felsen- kliff. Es war so langgezogen, dass es zwei separate Eingänge hatte, die jeweils mit einer eigenen Kü- che ausgestattet waren. Eines Abends kam ein „Guardia di Finanza", also ein Finanzpolizist, ins Restaurant. Er kam über die rechte Seite ins Res- taurant und bestellte sein Essen direkt bei mei- nem Onkel. Dann setzte er sich aber in die linke Seite, wo ich als Kellner Dienst tat, und bestellte bei mir das Gleiche noch mal – ohne mir zu sa- gen, dass er ja bereits bei meinem Onkel bestellt hatte.

Natürlich bin ich dann in meine linke Küche gegangen und habe alles für ihn und seine Beglei- tung bestellt. Als ich mit dem Essen an den Tisch kam, stellte ich fest, dass die Herrschaften bereits am Essen waren. Sie hatten ja ihre Bestellung bereits von der rechten Küche serviert bekommen. Darüber war ich so genervt, dass ich einen Black- out hatte und alle Gerichte, die ich in der Hand hatte, mitsamt den Tellern ins Meerwasser geschmissen habe. Das wurde eine Tragödie! Mein Onkel hat mir später erklärt, und ich habe es auch kapiert, dass man in solchen Fällen die Ruhe bewahren und gute Miene zum bösen Spiel machen muss. Natürlich hatte der saubere Herr von der Guardia di Finanzia auch keinesfalls die Absicht, sein Essen zu bezahlen. Das wurde am Ende eine gute Erfahrung, denn in der Gastro- nomie passieren viele solche Missverständnisse.

Zusammen mit meinem
langjährigen Freund Nevio (rechts)
auf Sylt an der Brandung

In dieser Zeit habe ich viel gearbeitet, aber auch sehr gut verdient. Und ich habe einiges gespart, so dass ich meiner Familie nicht mehr auf der Tasche liegen musste. Das, was ich im Sommer bei meinem Onkel verdient hatte, reichte, um über den Winter zu kommen. Im Sommer 1969 wurde ich gemeinsam mit meinem Freund Nevio, der das „Ristorante Palazzo" in Hamburg betrieben hatte, im „Hotel Vienna e Touring" in Riccione als Commis de Rang engagiert. Wir haben viel geschuftet: Von sieben Uhr morgens bis 22.30 Uhr abends – nur mit einer Stunde Pause. Ohne einen Tag frei. Der Lohn betrug, auf heutige Verhältnisse umgerechnet, ungefähr 30 Euro im Monat.

Aber wir haben da gewohnt und da gegessen. Es war hart – trotzdem haben wir noch die Zeit gefunden, uns zu amüsieren: In den Diskotheken und mit den Mädels, teilweise bis vier Uhr morgens. In diesen drei Monaten hat Nevio 12 und ich 11 Kilo abgenommen. Auch hier war ich wieder sehr glücklich, denn der Küchenchef des Hotels hat mir einige der leckersten Spezialitäten aus der Emilia Romagna gezeigt: Lasagne, Manicotti, Pasticci und andere. Der Besitzer des Hotels war ein „Polentone" – ein Italiener aus dem Norden, der etliche Vorurteile hatte gegen

„I Terroni", die Süditaliener. Ende August hat er versucht, mich um meinen bescheidenen Lohn zu prellen. Ich habe mich gewehrt und habe einfach ein Tablett mit Gläsern auf den Boden geschmissen. Und ich war bereit, das nächste Gläsertablett ebenfalls auf den Boden zu werfen. Am Ende hat er genickt und mich dann doch bezahlt. In diesem Moment habe ich mir geschworen, niemals jemanden in eine solche Situation zu bringen. Das habe ich bis heute geschafft – auch wenn sich natürlich zwischenzeitlich einige Mitarbeiter nicht immer ganz korrekt verhalten haben. Ich bin stolz darauf, in über 40 Jahren Selbständigkeit nicht einen einzigen Arbeitsgerichtsprozess geführt zu haben!

An einem Abend trafen wir in einer Diskothek in Riccione meinen Cousin Mimmo Sommella – heute ein sehr erfolgreicher Gastronom in Paris. Er hatte gerade zwei Jahre in Hamburg verbracht und schwärmte uns vor von der Schönheit der Stadt, vor allem aber von der Schönheit der Frauen dort. Und so haben wir entschieden, uns nach Hamburg zu begeben. Am Nachmittag des 23. September 1969 sind wir in Hamburg am Hauptbahnhof, Ausgang Glockengießerwall, angekommen: Nevio, Agostino, ein anderer Freund

Mein Cousin Mimmo Sommella
mit dem ehemaligen französischen Staats-
präsidenten François Hollande

aus Neapel, und ich. Es war ein wunderschöner, warmer Frühherbsttag und wir waren überwältigt von der Schönheit der Stadt und den vielen hübschen Frauen in T-Shirt und Minirock. Da haben wir uns gedacht: „Das ist der richtige Platz für uns!" So haben wir mit unseren Koffern ein Taxi genommen und sind zum Hotel Atlantik gefahren, um Arbeit zu suchen. Das war ein Tipp von meinem Cousin. Naiverweise hatten wir uns zum Haupteingang des Hotels chauffieren lassen. Dort stand ein Riesenmann mit einem großen Zylinder auf dem Kopf vor der Tür, der uns die Taxitür auf-

machte und uns die Koffer abnahm. Aber als wir dann nach Arbeit fragten, hat er sofort unsere Koffer fallen lassen und irgendetwas geschrien – wahrscheinlich Beleidigungen, die für uns damals unverständlich waren, denn wir sprachen ja kein Deutsch. Dann hat er so lange gestikuliert, bis wir endlich kapiert hatten, dass wir auf die andere Seite vom Hotel zum Hintereingang sollten. Dort haben wir mit dem Personalchef gesprochen und er gab uns Arbeit, aber keine Unterkunft.

So haben wir uns dann auf Quartierssuche begeben. Mit Hilfe von Giorgio, einem Italiener, der ebenfalls im Atlantik arbeitete, haben wir ein Zimmer im Steintorweg gefunden, das wir uns zu dritt geteilt haben. Für dieses Zimmer mussten wir bereits damals 450 Mark im Monat bezahlen – unser Lohn waren 400 Mark für jeden. Aber wir waren jung und optimistisch – kein Problem! Unsere Arbeit war nicht schwer, obwohl wir kein Deutsch sprachen. Im Atlantik gab es viele Empfänge, und wir mussten einfach mit Tabletts voller Gläser durch die Räume gehen, so dass die Gäste sich bedienen konnten. Nach einigen Tagen bekam ich meine Kündigung und eine Strafe. Ich wusste nicht warum und habe mich erkundigt. So habe ich dann entdeckt, dass mein Freund

Mit meinem Barchef Calvin, der mir mit viel Geduld das Cocktailzubereiten beigebracht hat, im Hotel Parkhochhaus.

Nevio einen Sack mit Tischwäsche, anstatt ihn zu schultern, einfach hinter sich hergezogen hatte, was verboten war. Dabei ist er erwischt worden und auf die Frage, wie er heißt, hat er geantwortet „Antonio Cotugno". Ich habe ihm verziehen, auch, weil wir in Neapel sagen „Eine Tür geht zu und ein großes Tor geht auf". In der Tat habe ich Glück gehabt und sofort eine Arbeit im Hotel Parkhochhaus gefunden, 60 Meter von der Staatsoper entfernt.

In diesem Hotel arbeitete als Direktor Signor Mori – eine fantastische Person. Er sprach italienisch, weil er als Kriegsgefangener in Italien war. Er hat mir viel geholfen und er hat mir viel beigebracht. Ich war jung, und ich habe meine Abende auf St. Pauli bis fünf Uhr oder sechs Uhr morgens verbracht. Das war der Grund, weshalb ich hin und wieder zu spät zur Arbeit kam. Aber sie haben mich in dem Hotel geliebt und immer ein Auge zugedrückt – auch weil ich meine Arbeit gut gemacht habe und auch immer mehr tat, als ich musste, ohne zu reklamieren.

Das hilft mir heute noch im Umgang mit jungen Menschen: Man muss versuchen, sie zu verstehen – und manchmal muss man auch ein Auge zudrücken.

In diesem Hotel sind viele Künstler abgestiegen, die ein Engagement in der Staatsoper hatten, darunter auch viele Italiener. Und mit der Zeit haben sie mich alle gekannt und mich mit meinem Namen angeredet. Viele haben mir auch Freikarten geschenkt – und da ich hauptsächlich Vormittags gearbeitet habe, hatte ich abends Zeit, in die Staatsoper zu gehen. Für mich war das eine großartige Erfahrung – und da die Freikarten immer in der ersten Reihe waren, dachten einige Zuschauer, ich wäre selber ein Künstler.

Wenn zum Beispiel der Dirigent Nello Santi zwei Freikarten zur Verfügung hatte, wovon ich stets eine bekam, saß ich immer neben seiner Frau. Neben dem Restaurant befand sich eine Bar mit fünf Tischen. Dort hat als Barchef Calvin gearbeitet: ein Farbiger aus Manhattan, eine großartige Persönlichkeit mit unglaublichem

Humor. Nach circa sechs Monaten ist der zweite Barmann weggegangen und Calvin hat mich gefragt, ob ich an der Bar arbeiten möchte. Das habe ich angenommen und das war nicht einfach – auch weil ich keine Ahnung von Drinks und Cocktails hatte. Aber Calvin hat mir mit viel Geduld alles beigebracht. Gleich am ersten Tag war ich für einige Sekunden an der Bar alleine. In diesem Moment ist ein Gast gekommen und hat einen Scotch on the Rocks bestellt. Ich wusste gar nicht, was er wollte, habe gewartet, bis Calvin zurückkam und ihm die Bestellung des Gastes weitergegeben. Calvin hat ein Glas genommen, drei Eiswürfel reingetan, den Scotch darauf gegossen und es dem Gast serviert. Ich schaute ihn verwundert an und sagte: „Dieser Gast wollte doch einen Scotch on the rocks". Calvin hat nur gelacht und geantwortet: „Das ist doch genau das, was ich ihm gemacht habe." Noch ein Beispiel für Einfachheit. Und so habe ich dann nicht mehr allzu lange gebraucht, bis ich die wichtigsten Cocktails draufhatte.

Am Tresen gab es auch eine Schiebetür, die direkt in die Küche führte. Hier habe ich immer meine Pausenmomente verbracht, in die Töpfe und Pfannen geschaut und einige Rezepte gelernt. Mich hat es immer zur Küche hingezogen.

Die Bar wurde von vielen Künstlern von der Staatsoper frequentiert, mit denen Calvin sehr gut befreundet war. Oft haben ihn die Künstler aus der ganzen Welt angerufen und gesagt „Wir haben Freikarten für dich!" Wien, New York, Mailand ... Calvin hat immer gerne die Einladungen angenommen und war dadurch natürlich viel auf Reisen. Währenddessen bin ich alleine an der Bar geblieben und habe aber mit der Zeit meine Arbeit da locker hingekriegt. Eines Tages kam James Last mit einem Freund an den Tresen und hat zehn doppelte Himbeergeist bestellt. Erst habe ich ihn etwas verwundert angeschaut, aber dann habe ich ihm zehn Gläser hingestellt und zehn doppelte Himbeergeist eingeschenkt. James Last nahm ein Glas und gab es seinem Freund, ein anderes Glas hat er mir hingestellt, das dritte Glas hat er für sich genommen und gesagt: „Prost!" Zusammen haben wir die drei Gläser geleert. Nach kurzer Zeit sagte er dann: „Noch zehn doppelte Himbeergeist!" Ich habe die drei leeren Gläser nachgefüllt, zu den sieben verbliebenen vollen dazugestellt und höflich gesagt: „Bitteschön!"

Rinderfilets
für die Künstler

Für vier Personen

4 Rinderfilets (gute Qualität)
à 200 Gramm pro Person

400 Gramm Champignons

200 Gramm dünn geschnittene Zwiebeln

Eine Handvoll gehackte glatte Petersilie

8 Esslöffel Olivenöl

Salz und Pfeffer nach Bedarf

- Wenig Olivenöl in die Pfanne geben und gut erhitzen
- Die Rinderfilets in die Pfanne legen und von jeder Seite
  eineinhalb Minuten braten, damit sich die Poren schließen
- Das restliche Olivenöl in die Pfanne gießen, die Hitze
  reduzieren, die dünn geschnittenen Zwiebeln und
  die in Scheiben geschnittenen Champignons dazu geben
  und etwa drei Minuten braten
- Zum Schluss die Petersilie hinzufügen, kurz schwenken,
  mit Salz und Pfeffer abschmecken und heiß servieren

MEIN TIPP
Bei vier Filets sollten Sie lieber zwei
Pfannen nehmen.

Wieder gab James Last ein Glas seinem Gast,
ein Glas mir und ein Glas sich selber und wieder
Prost! Zack! Weg! Und das Gleiche dann noch
mal: Wieder zehn doppelte Himbeergeist bestellt,
wieder drei nachgefüllt und wieder Prost und
weg. Anschließend fragte er nach der Rechnung.
Sieben Gläser waren noch unberührt, neun
waren insgesamt geleert, aber ich habe ihm
wunschgemäß dreißig doppelte Himbeergeist
auf die Rechnung geschrieben – das war das, was
er in diesem Moment wollte. Ich wollte ihn
damit nicht über's Ohr hauen, sondern nur das
tun, wonach er verlangt hatte.

Leider machte die Küche des Hotelrestaurants
um 23 Uhr zu. Viele Künstler bleiben aber nach
den Vorstellungen in der Staatsoper noch länger
dort, um Autogramme zu schreiben. Wenn
sie dann ins Hotel zurückkamen, hatten sie nur
die Wahl: Chips oder Nüsse? Allerdings gab es
im Restaurant einen klassischen Flambierwagen.
So hatte ich eines Tages die Idee, mir von der
Restaurantküche in Kommission Rinderfilets,
Champignons und Zwiebeln geben zu lassen, um
für die spät zurückkehrenden Künstler damit
Essen zuzubereiten. Das war meine erste prakti-
sche Erfahrung mit der Küche: Simpel, aber gut.

James Last, der deutsche Bandleader,
war ein sehr großzügiger Gast.

Die Künstler waren superglücklich – sie fanden das sicherlich viel besser als die Nüsse.

Eines Abend kam Luciano Pavarotti an die Bar und fragte mich: „Wie sind hier die Rinderfilets?" Ich antwortete: „Wir haben eine sensationelle Qualität!" Sensationell ist ein Adjektiv, das ich heute immer noch gern benutze, um meine Teller anzupreisen. Darauf meinte Pavarotti: „Die Frage war nicht, wie gut, sondern wie groß sind die Filets?" Im Vier Jahreszeiten seien seine Filets „so groß wie Knöpfe" gewesen und er habe einige Portionen bestellen müssen, um satt zu werden. Ein anderes Mal, es ging schon dem Feierabend entgegen, ich stand alleine in der Bar und habe Gläser poliert, kam plötzlich Placido

Domingo herein, für den ich schon einige Filets zubereitet hatte. Er setzte sich ans Klavier und fragte mich: „Was willst du hören?" Ich antwortete „Catari!" Ein Klassiker der napolitanischen Musik. Domingo begann zu spielen und zu singen und das wurde einer der emotionalsten und unvergesslichsten Momente meines Lebens: Der Klang des Klaviers, die unglaubliche Stimme von Placido Domingo und das Klirren der Gläser, die unter der niedrigen Decke der Bar durch die Schwingungen des Klangs zu vibrieren begannen. Ich habe vor Freude geweint. Und ich dachte, vielleicht hat er das gemacht, um sich für die vielen Filets zu bedanken, die ich ihm auf so einfache Weise bereitet hatte.

Eine andere schöne und lustige Geschichte ereignete sich 1970: Es lief das legendäre Halbfinalspiel zwischen Deutschland und Italien bei der Fußball-Weltmeisterschaft in Mexiko. Direkt neben der Bar befand sich hinter einer Schiebetür ein Konferenzraum mit einem für damalige Verhältnisse recht großen Farbfernseher. Dieser Konferenzraum war schon für den Folgetag mit Gläsern und Tellern eingedeckt. Ich hatte an diesem Tag frei, war aber trotzdem zu meinem Arbeitsplatz gekommen, um mir das Spiel anzu-

Placido Domingo, der weltberühmte Tenor, hat mir eine der größten Emotionen meines Lebens geschenkt.

sehen. Zusammen mit mir schaute sich ein ausländischer Künstler das Spiel an. An seinen Namen erinnere ich mich leider nicht mehr – aber auch ihm hatte ich schon so einige Filets gebraten. Die Partie war legendär: Tor hier, Tor da, ganz viele Emotionen – bis zum vierten Tor von Rivera. Da habe ich mich gehenlassen und meine Gefühle brachen in mir durch: Wie ein Künstler wollte ich die Tischdecken unter den Tellern und Gläsern wegziehen, aber das hat leider nicht geklappt: Es ging einiges an Gläsern und Geschirr zu Bruch und das Besteck lag am Boden. Ich habe alles notdürftig wiederhergerichtet und dann auf eine Bestrafung gewartet – die aber nicht erfolgte, weil der Künstler alles auf seine Kappe nahm. Vielleicht hat er dabei schon an seine nächsten Filets gedacht …

Schon damals habe ich in solchen Momenten oft gedacht: „Eines Tages werde ich ein eigenes Restaurant eröffnen. Und dort wird es nur einfache Gerichte, aber aus Zutaten bester Qualität geben!" In der Zwischenzeit war unser Freund Agostino nach Neapel zurückgekehrt und Nevio hatte angefangen, bei Michelsen zu arbeiten. Ein Restaurant mit vielen Spezialitäten und Delikatessen in erster Qualität. Dort habe ich

Nevio oft morgens besucht und er hat mir dann ein Frühstück spendiert, wie ich es mir niemals hätte leisten können: Kaviar, Langusten, Champagner – unglaublich!

So habe ich drei fantastische Jahre an der Bar im Hotel Parkhochhaus verbracht – aber dann bekam ich Sehnsucht nach Neapel. Ich habe mir sechs Monate Zeit genommen und bin in meine Heimatstadt zurückgekehrt.

Dort habe ich wieder sechs Monate bei meinem Onkel gearbeitet, aber ich merkte: In Neapel gab es wenig Möglichkeiten für die Zukunft. So kehrte ich nach Hamburg zurück und machte meine nächsten Erfahrungen als Kellner im französischen Restaurant „Provence". Dieses befand sich in der 21. Etage eines Hochhauses am Millerntor, welches viele Jahre später gesprengt wurde. Inzwischen war mein Deutsch auch besser geworden und ich habe einige Freundschaften mit Deutschen und mit Italienern geschlossen. Einer von den Italienern, Vito Papagna aus Apulien, betrieb seinerzeit das Ristorante „Il Buco" in der Eppendorfer Landstraße. Und er hat mir angeboten, in seinem kleinen Restaurant mit sechs Tischen plus Terrasse als Kellner zu arbeiten.

Vito hat gekocht und ich habe bedient. Vito hat in dieser Periode, das war so um 1973/74 herum, für Hamburger Verhältnisse sehr gut gekocht. Und er war schnell. Aber genau das wurde ihm zum Verhängnis, denn eines Tages, als er gerade Schinken schnitt, hat er sich dabei die Hand aufgeschnitten. Keine schwere Verletzung, aber eine recht tiefe Wunde und er konnte erst mal nicht mehr kochen. Damals waren gute Köche in Hamburg aber ausgesprochen schwierig zu finden und so bot ich ihm an: „Suche mal nach einem Kellner – ich mache die Küche!" Auf diese Weise bin ich plötzlich Koch geworden. Meine Erfahrungen zu diesem Zeitpunkt waren minimal: Etliche Filets für die Künstler, ein paar Abendessen für die Freunde, also: viel Theorie, wenig Praxis. Das war nicht einfach und funktionierte nur mit Hilfe meiner Mutter, mit der ich ständig telefoniert habe. Die Telefonrechnung des Restaurants in dieser Zeit war fast so hoch wie mein Monatslohn – telefonieren war teuer damals, besonders ins Ausland. Aber mit dem Konzept: „Beste Qualität der Produkte, einfach zubereitet" habe ich es geschafft, Vito in der Küche zu ersetzen.

Mario LaRocca, mein Kompagnon und Freund,
der leider viel zu früh verstorben ist.

Da die Gäste sehr zufrieden mit meinem Kochen waren, hatte Vito sich damit abgefunden, sich vorzugsweise um Verwaltung und Buchführung zu kümmern und fragte mich, ob ich nicht in der Küche bleiben wolle. Ohne groß darüber nachzudenken, habe ich das Angebot angenommen und bin für drei Jahre der Koch im Il Buco geworden. Mit vielen Experimenten, aber als Basis eine traditionelle italienische Küche und napolitanische Hausmannskost. In dieser Zeit ist mein Vater gestorben. Bei der Beerdigung habe ich erfahren, wie ungeheuer beliebt mein Vater gewesen war: Hunderte von Personen gaben ihm das letzte Geleit. Ich habe im Rahmen meiner Möglichkeiten versucht, meine Familie zu unterstützen: mit viel Arbeit und mit Sparsamkeit. Während der Zeit im Il Buco habe ich mich mit Mario LaRocca angefreundet – ein junger Mann aus Carbone bei Potenza, einem kleinen Dorf in der Basilikata. Mario hat als Kellner in einem Steakhaus namens „Gießkanne" in Nienstedten gearbeitet, das von einem chilenischen Grafen betrieben wurde. Mario war ein wirklicher Freund, mit dem ich über alles reden konnte, und unsere Freundschaft ist immer enger geworden.

In dieser Zeit haben wir angefangen, unsere ersten gastronomischen Projekte für eine Zukunft als Restaurantbesitzer zu planen. 1977, zwei Jahre nach dem Tod meines Vaters, hat uns dann auch meine Mutter verlassen. Das war ein harter Schlag für mich, denn meine Mutter hatte es immer geschafft, die ganze Familie zusammenzuhalten. Wir waren vier Brüder und zwei Schwestern und ich als Ältester fühlte mich nun verantwortlich für die Familie – insbesondere für meine kleinsten Brüder Strato und Nando, die zum Zeitpunkt des Todes meiner Mutter erst 13 und 14 Jahre alt waren. Nach der grausamen Beerdigung kam ich zurück nach Hamburg. Mario holte mich vom Flughafen ab und erzählte mir, dass der Graf sein Steakhaus verkaufen wollte. Nach einigen Verhandlungen konnten wir das Lokal erwerben und in Raten abbezahlen. Das Startkapital lieh uns der Bruder meines Chefs im Il Buco, Raffaele Papagna. Raffaele war damals ein sehr erfolgreicher Gastronom und betrieb das Bologna in der Hudtwalcker Straße. Und so habe ich im Juli 1977 in Nienstedten, in einer der damals ersten offenen Küchen in Hamburg, angefangen zu kochen.

Mein Bruder Ferdinando mit meiner Schwester
Franca (Mutter von Mario und Alessandro)

Mein Neffe Mario, der die Zukunft
im L'Europeo gestalten soll.

Offene Küche ist nicht ohne: Um dort zu arbeiten bedarf es nicht nur Respekt vor den und Liebe zu den Zutaten, sondern auch einer extremen Sauberkeit. Da Mario und ich etwas dicker waren, haben wir das Restaurant „Dai Vaccarielli" genannt – das heißt übersetzt „Zu den Kälbern". Ein Name, der für die Deutschen unaussprechlich war, und ziemlich gleich haben die Leute gesagt. „Lass uns zu Mario oder zu Toni gehen!" Mario war ein unglaublicher Typ: Sehr fröhlich und sehr freundlich. Und er hat grundsätzlich alle geduzt – sogar die alte Gräfin von Bismarck. Sehr rasch hatten wir uns eine Stammkundschaft aufgebaut, überwiegend aus den höheren gesellschaftlichen Kreisen von Nienstedten und Umgebung. Und viele davon sind auch heute noch meine Gäste. Ich könnte viele von meinen Gästen nennen, aber einen möchte ich besonders erwähnen. Er hat für uns eine unglaubliche Werbung gemacht, weil er ständig über uns erzählte und uns in den höchsten Tönen lobte. Das war Peter Wehle, der Pharmazeut aus dem Elbe-Einkaufszentrum. Er kann sich an alle Gäste und alle Ereignisse im Restaurant erinnern und hat die ganzen Geschichten unermüdlich weitererzählt.

Die lustigste Geschichte betraf ihn selber: Eines Tages kam er mit seiner neuen Freundin ins Restaurant, ein wunderschönes farbiges Model, die er „Black Beauty" nannte. Eine unglaublich charmante Frau mit einem sehr erlesenen, teuren Geschmack: Austern,

In Nienstedten am Herd
in der offenen Küche

Champagner, Kaviar, Langusten. Sie war das komplette Gegenteil zu Peters früherer Freundin, die sehr bescheiden gewesen war: Sie hatte sich stets mit einem Auberginenauflauf oder Tagliatelle „Alfredo" begnügt, dazu ein Glas Rosé. Nun passierte es, dass nach einiger Zeit immer mehr Gäste zu uns kamen und erzählten, sie hätten gehört, wir wären so teuer geworden. Die Ursache dieses Gerüchts war Peter. Es hat mich einige Zeit gekostet, ihm klarzumachen, dass der Grund für seine nunmehr wesentlich höheren Rechnungen bei uns nicht etwa eine geänderte Preispolitik, sondern der erlesene Geschmack seiner neuen Freundin war. Deswegen kostete ein Abend jetzt nicht mehr 60, sondern über 100 Mark – klar. Auch heute noch ist der Auberginenauflauf eines der gefragtesten Gerichte unserer Küche. Wir machen ihn, wie meine Mutter ihn gemacht hat. Einmal hatte meine Mutter ein großes Blech Auberginenauflauf bereitet. An diesem Tag gab es in Neapel ein großes Erdbeben. Alle sind in Panik auf die Straße gelaufen – auch meine Brüder Mario, Nando und Strato. Dann haben sich die drei in die Augen geschaut, sind in das bebende Haus in unsere Küche im zweiten Stock zurückgekehrt, haben in Windeseile den Auberginenauflauf in sich hineingeschaufelt und sind wieder auf die Straße gelaufen. So gut waren die Auberginen.

Das Restaurant in Nienstedten hatte circa 35 Plätze und sehr oft, wenn wir ausgebucht waren, haben wir mit dem Einverständnis der Gäste einen Zusatztisch in der Küche aufgestellt. Sehr früh fingen dann etliche Gäste an, gezielt den Tisch in der Küche zu verlangen – auch wenn im Restaurant noch andere Plätze frei waren. Seinerzeit war die Küche in Hamburg sehr einfallslos: überbackene Nudeln, Schnitzel in allen Variationen ... Aber langsam habe ich einige Rezepte eingeführt, die damals in den italienischen Restaurants in Hamburg nicht angeboten wurden: Artischocken in Umido, Polipo alla Luciana, Calamari Livornese, Hausgemachte Pasta mit Trüffeln, ganze große Fische, Arrosti und Bolliti. Spezialitäten, die langsam angenommen wurden. Heute ist ein gehobenes italienisches Restaurant in Hamburg undenkbar ohne Polipo, Artischocken, Calamari oder Trüffel. Im Laufe der Zeit wurden wir immer bekannter und es fing an, dass die Prominenten zu uns kamen.

Peter Ustinov, grandioser Schauspieler
und Sprachgenie, hat mich verblüfft, als er
mit mir Neapolitanisch sprach.

Einmal ist Peter Ustinov gekommen und hat sich am Tisch genau gegenüber vom Eingang hingesetzt. Alle anderen Gäste, die dann eintrafen, haben Mario zu seinem prominenten Gast beglückwünscht. Mario hatte ihn nicht erkannt und fragte daraufhin einen anderen Gast: „Sag mal – wo sitzt Peter Ustinov?" Der Gast hat ihm den Platz gezeigt und als Mario das Gesicht von Peter Ustinov sah, zeigte er mit dem Finger auf ihn und rief laut „Nerone!" Der Grund: Peter Ustinov hatte die Hauptrolle des Kaisers Nero im Film „Quo Vadis" gespielt und den hatte Mario gesehen. Ustinov trug es mit Fassung und alle Gäste haben gelacht und geklatscht.

Etliche Geschichten haben wir auch mit dem großen Grafiker und Künstler Horst Janssen erlebt, der in meine Küche verliebt war. Einmal fragte er mich, ob ich ihn zu einer großen Ausstellung von ihm nach Japan begleiten würde. Ich habe abgelehnt, obwohl er mir sagte, dass es in Japan zwei Währungen gäbe: Yen und Janssen. Ein anderes Mal kam Horst Janssen alleine herein und hat vier Rinderfilets bestellt. Ich fragte ihn, ob ich nicht vielleicht auf die anderen Gäste warten solle, aber er antwortete: „Nein, pack sie ruhig auf den Grill!" Ich habe angefangen

zu grillen und als die Filets fertig waren fragte ich ihn, ob ich sie warmstellen solle. Aber er antwortete: „Nein, bringt sie bitte an den Tisch!": Mario servierte also die Filets, aber von den erwarteten Gästen war weit und breit nichts zu sehen. Janssen, der darob wohl ein wenig erbost war, nahm sich daraufhin die Filets vom Tisch und drapierte unter jedem Tischbein eines davon. Er rief mich an den Tisch und zeigte sein „Spontankunstwerk", wobei er sehr stolz auf sich und erfüllt von seiner eigenen Genialität war. Gespannt erwartete er meinen Kommentar, aber ich war einfach nur sauer und entsetzt, wie

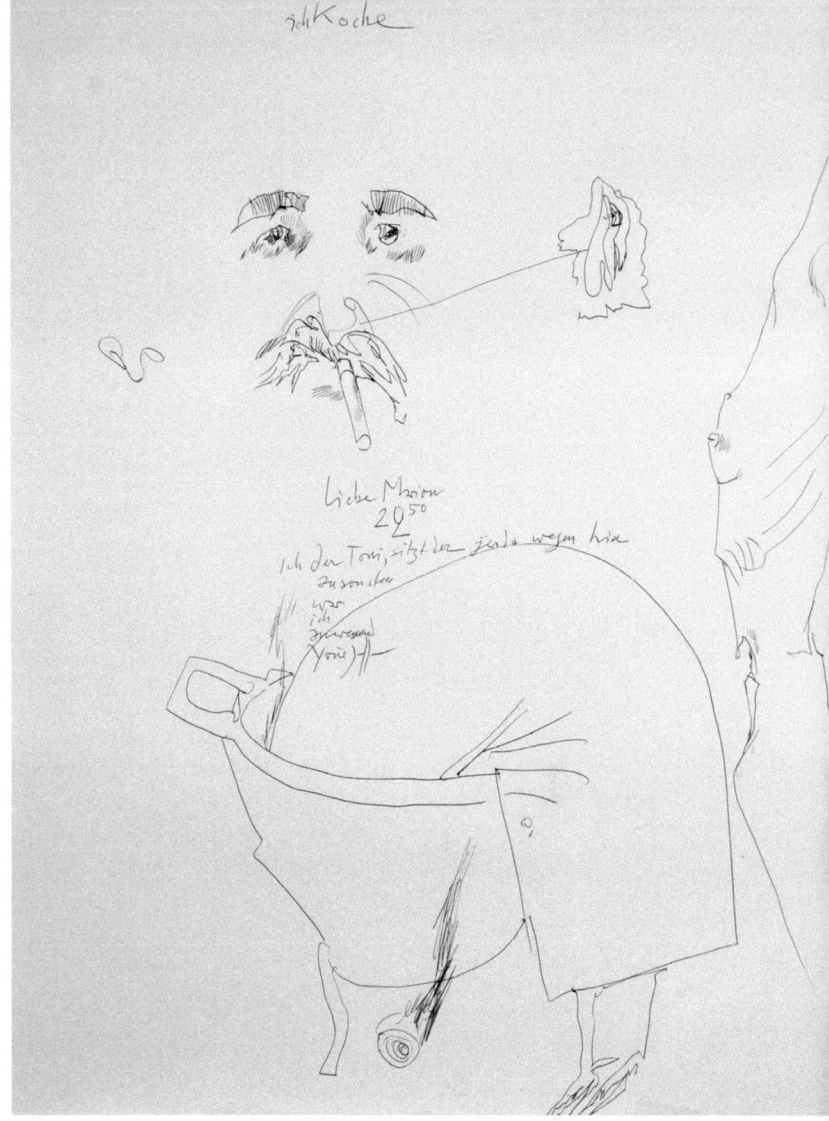

Zeichnung von mir von Horst Janssen, ein sehr
anstrengender Gast und großer Künstler

man so mit dem guten Essen umgehen konnte.
Schlussendlich hat Horst Janssen das auch ver-
standen und mir versichert, dass so etwas nie
wieder vorkommen würde. Aber Künstler und
Genies sind nun mal nicht kontrollierbar. Eines
Abends war Horst Janssen bei uns zum Abendessen mit dem damaligen Hamburger Bürgermeister Hans-Ulrich Klose. Dabei entspann sich
eine rege und auch kontroverse Diskussion mit
Gästen vom Nachbartisch. Schließlich geriet
Janssen so in Rage, dass er eine Dame von diesem
Nachbartisch bei der Bluse packte und ihr diese
so abschnürte, dass sie keine Luft mehr bekam.
Ich eilte zum Tisch, um die Dame zu befreien,
habe Horst Janssen rausgeworfen und ihm
gleichzeitig Hausverbot erteilt. Laut schimpfend
und fluchend und unter dem Ausstoßen wildester
Drohungen entschwand Janssen, aber er ist
nie wieder zu uns gekommen. Aber diese Episode
sprach sich in Hamburg natürlich herum wie
ein Lauffeuer und so wurde unser Lokal allmählich immer bekannter.

Jahre später suchte Horst Janssen uns in
unserem neuen Restaurant, dem L'Europeo, auf.
Er fragte, ob er bleiben und etwas essen dürfe.
Ich antwortete ihm, so lange er sich gut benähme

und die anderen Gäste nicht belästigen würde,
könne er gerne jeden Tag wiederkommen. Er hat
sich gut benommen, gegessen und die anderen
Gäste in Ruhe gelassen. Aber am Ende des
Abends ging er zu meinem Bruder Nando, drückte
ihm 500 Mark Trinkgeld in die Hand und
flüsterte ihm ins Ohr: „Hier werde ich nie wieder
herkommen – es gibt zu viele Restriktionen."
Er hat sein Wort gehalten.

Inzwischen hatte ich geheiratet – aber meine
Frau arbeitete in einer Bank und hatte vollständig
andere Arbeitszeiten als ich. Das wurde zum
Problem: Gastronomie mit Liebe und Leiden-
schaft gelebt ist eine dauerhafte Beschäftigung!
Man muss immer etwas besorgen oder probieren
und die Abende verbringt man halt im Restaurant.
Das ist wohl die Ursache dafür, dass unsere
Ehe nur acht Jahre gedauert hat. Aber diese Ehe

Meine Tochter Sandra mit ihren Kindern (v.l.)
Jack, Angelina und Emma

hat uns eine wundervolle Tochter beschert: Sandra, ein fröhliches Mädchen mit damals etwas leichtsinnigem Charakter. Als Jugendliche hat sie uns einige Kopfschmerzen bereitet. Aber nun lebt sie in Hannover, hat uns drei wundervolle Enkel geschenkt, arbeitet mit Begeisterung in einer Gärtnerei und verwöhnt ihre Kinder mit den Rezepten von ihrem Papa.

Mario und ich fuhren jeden Tag gemeinsam mit dem Auto zur Arbeit. Dabei sind wir immer am Restaurant Kupferkate am Osdorfer Weg/ Ecke Kalkreuthweg vorbeigekommen. Und jedes Mal habe ich zu Mario gesagt: „Diese Stelle gefällt mir!" In der Nähe residierte Aldo, ein italienischer Friseur. Eines Tages berichtete mir Mario nach einem Friseurbesuch: „Aldo hat erzählt, das

Restaurant ist zu verkaufen!" Am gleichen Abend eilten wir in dieses Restaurant und machten mit dem Besitzer einen Vorvertrag. Und so kam es, dass wir am 17. Mai 1980, vor nunmehr über vierzig Jahren, das L'Europeo eröffnen konnten. Mario und ich blieben in Nienstedten und haben Mauro als Geschäftsführer für das neue Restaurant verpflichtet. Da Mauro und Mario sich ähnlich sahen und auch von ziemlich gleicher Statur waren, haben wir einfach behauptet, Mauro wäre Marios Bruder. So konnten die Gäste gleich von Anfang an Vertrauen entwickeln.

Wir haben das Restaurant L'Europeo genannt – eine richtige Entscheidung, denn in den darauffolgenden Jahren wurde die Europäische Union von den Völkern entschlossen vorangetrieben. Wir haben den Namen auch deshalb ausgewählt, weil wir echt genervt waren, dass die Deutschen uns immer „Spaghettifresser" oder „Itaker" genannt haben, wenn sie hörten, dass wir aus Italien stammten. Da hat sich in der Kommunikation schon viel geändert in der Zwischenzeit.

Um uns das zu ersparen, haben wir dann immer auf Nachfrage gesagt „Wir sind Europäer". In dieser Zeit hatte ich schon meinen Bruder Nando aus Neapel nachgeholt – er fing dann an,

Die beliebte Nachbarin Elli Stoll hat bis zu ihrem Tod über der Küche vom L'Europeo gewohnt.

gemeinsam mit Mauro im L'Europeo zu arbeiten. Nando als Bruder ist wie ein Stück Brot: Es ist schwer, sich ein Leben ohne ihn vorzustellen. Als Mitarbeiter hat Nando erst ziemlich viel Unfug angestellt – aber nie böswillig, sondern immer aus Ungeschicklichkeit. Darüber könnte man auch Bücher schreiben, aber zwei der lustigsten Geschichten möchte ich hier erzählen: Einmal bat ich ihn, eine volle Schüssel Zuppa Inglese in die Vitrine zu stellen und mahnte extra noch: „Lass sie nicht fallen!" Was passierte: Nando hat sie genau in den Spalt zwischen Vitrine und Tisch fallen lassen. Ein anderes Mal hatte sich ein Gast einen Kaffee bestellt, und Nando, der von Jugend an schwerhörig ist, hatte daraufhin für ihn ein Taxi geordert. Der Mann, ein freundlicher Gast, meinte daraufhin: „Das Taxi nehme ich gern – aber es wäre doch schön, wenn ich vorher noch einen Kaffee bekäme". Zum Glück hat mein Bruder Nando neben seiner Arbeit im Restaurant zu seiner Passion gefunden: Er ist leidenschaftlicher Photograph und auch die Bilder zu den Rezepten in diesem Buch stammen von ihm.

Direkt über der Küche wohnte eine reizende alte Dame. Sie war zierlich, aber sehr selbständig und klar im Kopf. Am Anfang war sie etwas rau

zu uns und beschwerte sich immer über die Geräusche, die beim Schnitzelklopfen in der Küche entstanden. Ich habe ihr dann immer gelobt, dass wir besser werden und die Geräuschbelastung reduzieren. Aber eines Tages hat sie mich erwischt, als ich selbst nicht gerade die beste Laune hatte und da habe ich ihr geantwortet, dass ich es nicht verstünde, dass eine Frau, die zwei Weltkriege erlebt hat (davon der zweite für Hamburg ziemlich schlimm) sich von ein paar Geräuschen gestört fühlt. Daraufhin lächelte sie plötzlich und erzählte mir, dass sie gar nicht so viele Geräusche hören würde, da sie ziemlich taub sei. In Wirklichkeit seien es ihre Besucher, die ihr von den Geräuschen erzählten. In der Tat waren ihre Besucher manchmal durch das Restaurant ins Treppenhaus gelangt, da sie oft die Hausklingel nicht hören konnte. Zu ihren Besuchern zählte bisweilen auch der ehemalige Hamburger Bürgermeister Henning Voscherau: Elli Stoll war politisch sehr engagiert, führte eine rege Korrespondenz mit dem Hamburger Senat und betätigte sich hin und wieder als Spenderin für soziale Projekte. Mit der Zeit habe ich sie auch hin und wieder besucht und mir die spannenden Geschichten, die sie erlebt hatte, angehört.

Ein wertvoller Mitarbeiter:
Patrizio hat im L'Europeo, Dai Vaccarielli
und auch im Sale e Pepe gekocht.

Meistens hat mein Bruder Nando sie besucht und wenn wir ihn ab und an gesucht und nicht gefunden haben, dann wussten wir: Er ist bei Frau Stoll im Sessel eingeschlafen. Sie lebte über dem Lokal, bis sie 99 Jahre alt wurde und in den letzten Jahren haben wir uns um sie gekümmert. Als sie im Jahr 2000 starb, hat sie Strato, Nando und mir jeweils 1000 DM vererbt – das war schon ein komisches Gefühl, zum ersten und letzten Mal etwas geerbt zu haben.

Unser Geschäftsführer Mauro war ein perfekter Gastgeber und die Gäste haben ihn sehr geschätzt: Leider war er spielsüchtig. Das Restaurant lief also recht gut, aber Mauro hat dummerweise die ganzen Einnahmen im Casino verspielt. Das hat uns damals in arge Schwierigkeiten gebracht. Ich habe daraufhin sehr offen mit ihm geredet und er hat mir versprochen, dass er das nie wieder tun würde.

Chefkoch im L'Europeo war zu Beginn Patrizio, der Bruder meines Schwagers Raffaele, der mit meiner Schwester Franca verheiratet ist. Franca ist auch die Mutter von Alessandro und Mario, die jetzt bei mir arbeiten. Er war wirklich sehr gut in der Küche und kannte viele typische napolitanische Gerichte. Außerdem

hatte Patrizio eine fantastische Stimme und war ein sehr guter Sänger. So haben wir oft nach Feierabend, als wir Nando Deutsch beibringen wollten und bei einem Glas Wein zusammensaßen, gemeinsam napolitanische Lieder gesungen – das waren sehr schöne Abende.

Trotz seines Versprechens wurde unser Geschäftsführer Mauro rückfällig und verspielte eines Tages erneut die gesamten Einnahmen des Restaurants im Casino. Darüber schämte er sich so sehr, dass er einfach nicht mehr an seinem Arbeitsplatz erschien. Und somit war ich gezwungen, unser Restaurant in Nienstedten zu verlassen, um Mauro zu ersetzen. So begann mein Abenteuer im L'Europeo. In der Zwischenzeit war auch mein kleiner Bruder Strato aus Neapel bei mir gelandet: Er war mit viel Engagement bei der Sache, aber er hatte noch keinerlei Küchenerfahrung. Am Anfang betätigte er sich in der kalten Küche, machte ein paar Salate und half beim Vorbereiten. Aber dann habe ich Patrizio überzeugt, ins Restaurant nach Nienstedten zu wechseln und Strato in die warme Küche gesteckt, obwohl er bis zu diesem Zeitpunkt noch nie eine Pfanne in der Hand gehabt hatte. So lief ich dann Abends in der Kochjacke durchs

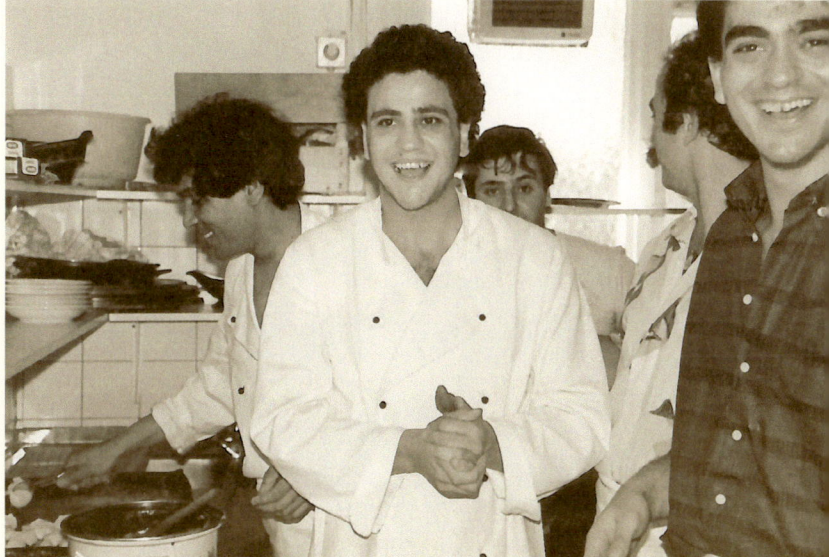

Strato (in der Mitte) hat in jungen Jahren zusammen
mit mir die Küche des L'Europeo geprägt.

Restaurant, nahm die Bestellungen auf, eilte
damit zu Strato in die Küche und erklärte ihm,
wie er die einzelnen Gerichte zuzubereiten habe.
Das hat er super hingekriegt! Da Strato noch nie
gekocht hatte, war es allerdings schon eine sehr
schwierige und stressige Zeit für ihn – insbesondere am Wochenende, wenn wir viele Gäste hatten.
Aber Strato hat alles gegeben und das Möglichste
getan, um die Küche am Laufen zu halten.
Das war echt eine fordernde Phase für uns alle.

Aber Strato mit seiner Leidenschaft hat
schnell gelernt und begann schon sehr früh,
neue Gerichte zu entwickeln, die sensationell
waren. So begann eine kurze Zeit, in der wir
sowohl das L'Europeo als auch das Dai Vaccarielli
harmonisch und erfolgreich geführt haben.
Aber diese schöne Phase endete jäh, als mein
Partner Mario, mit dem ich ja beide Läden
gemeinsam führte, am 12. Juni 1982 bei einem
Autounfall ums Leben kam. Nach einigen
Wochen, die wir brauchten, um die Papiere für
die Überführung der Leiche zusammen-
zubekommen, flogen wir zu sechst mit dem Sarg
im Frachtraum des Flugzeuges nach Neapel.
Carbone, Marios Heimatdorf, war zu jener Zeit
nahezu ausschließlich von Frauen bewohnt,

die alle schwarz gekleidet waren. Der Friedhof
von Carbone befindet sich auf einem Hügel.
Und unter der sengendsten Sonne von Italien
haben wir den Sarg dorthin und Mario zu Grabe
getragen. Abends sind wir in einem Restaurant
in Neapel eingekehrt und haben getrunken,
bis der gesamte Wein aus war. Damals habe ich
mir geschworen, eines Tages noch einmal
zu Marios Grab zurückzukehren – aber bis jetzt
habe ich es noch nicht geschafft.

Die Grundlage aller Gerichte
war immer:
Liebe, Qualität und Einfachheit.

Als wir nach Hamburg zurückkamen, mussten wir klären, wie wir mit Marios Erbe verfahren. Am Ende fanden wir eine einfache und pragmatische Lösung: Marios Neffen übernahmen das Dai Vaccarielli und ich das L'Europeo. Patrizio kehrte in die Küche vom L'Europeo zurück und hat in der Folgezeit gemeinsam mit Strato viele fantastische Gerichte entwickelt, die noch heute die Eckpfeiler der klassischen L'Europeoküche sind. Die Grundlage aller Gerichte war immer: Liebe, Qualität und Einfachheit. Eines Abends unterhielt ich mich mit einem Stammgast, Christoph Blume, der ein leidenschaftlicher Hobbykoch ist, über Anchovis. Seinerzeit importierten wir Anchovis direkt aus Neapel von einem Fischer, der sie sofort nach dem Fangen einlegte, ohne dass sie jemals in einer Eiskiste landeten. Diese Anchovis waren sensationell gut und mit normalen Qualitäten gar nicht zu vergleichen. Christoph Blume erzählte mir nun, dass er in Spanien unlängst frittierte Anchovisgräten bekommen habe und diese seien köstlich gewesen. Das mochte ich erst gar nicht glauben, aber natürlich war ich neugierig und habe es gleich am nächsten Abend ausprobiert. Das Ergebnis war dann so überzeugend, dass ich

daraufhin eine Zeitlang unseren Gästen frittierte Anchovisgräten als Amuse Gueule serviert habe. Die Gäste waren erstaunt und begeistert, haben die Geschichte anderen erzählt und somit wieder in einigen Menschen die Neugier auf das L'Europeo geweckt.

Die Erben von Mario hatten mit dem Dai Vaccarielli leider kein glückliches Händchen und waren nach einiger Zeit gezwungen, den Laden zu verkaufen. Aber da die beiden Ristorante ja nicht allzu weit auseinander lagen, begannen viele Gäste des Dai Vaccarielli ins L'Europeo zu kommen – etliche davon bis heute.

In der Zwischenzeit hatte mein alter Freund Nevio neben seiner Arbeit bei Feinkost Michelsen mit seiner finnischen Frau ein Schuhgeschäft eröffnet. Später machte er dann auch ein eigenes Restaurant auf, aber entwickelte eine eigene Philosophie: Während bei uns immer die Grundprodukte und das Gericht auf dem Teller im Vordergrund standen, ging es bei ihm immer hoch her mit Stimmung und Musik. So zog er sich ein lebenslustiges junges Publikum heran. Das Essen war eher Nebensache, jedes Wochenende tanzten die Gäste auf den Tischen, tranken ordentlich dabei und er hatte und hat einen sehr großen Erfolg.

Nicola, ein Mitarbeiter, ohne den es nicht geht, beim Vorbereiten der Gnocchi.

Unser Weg war etwas beschwerlicher: Waren wir doch stets auf der Suche nach authentischen, sehr schwer zu beschaffenden italienischen Lebensmitteln, um neue, tolle Gerichte kreieren zu können. Aber mit Hilfe einiger italienischer Importeure gelang es uns zunehmend, spannende, bis dato in Hamburg unbekannte Produkte wie junge Artischocken herbeizuschaffen.

Mit diesem Konzept ging es Jahr um Jahr stetig bergauf: Immer neue Rezepte, immer Liebe, und immer großes Engagement für unser kulinarisches Projekt. Patrizio hat dann geheiratet, ist nach Neapel zurückgekehrt und betreibt dort bis heute sein eigenes Restaurant „Le Castellane". Aber zum Glück war Strato in der Zwischenzeit so perfekt geworden, dass es ihm gelang, die Küche mit einigen ungelernten Aushilfen wunderbar zu schmeißen. Unter diesen Aushilfen befand sich Nicola, ein Junge aus Mazedonien. Dieser entpuppte sich ebenfalls als ganz großes Talent und ist heute eine der unverzichtbaren Säulen des Ladens. Das L'Europeo ohne Nicola? Wäre für mich undenkbar! Er bleibt nie stehen, kümmert sich akribisch um die Ware in den Kühlzellen und organisiert das Bestellwesen. Zudem ist er ein wahrer Meister im Fisch filetieren

und Fleisch zerlegen. Einmal ist er für eine Woche ausgefallen und ich habe in der Zeit seine Arbeit gemacht. Das war echt ziemlich hart und schwer! Als er wieder einsatzfähig war, habe ich ihm, ohne dass er danach verlangt hatte, erst mal eine ordentliche Gehaltserhöhung gegeben.

Im Jahr 2000 ist dann mein Neffe Mario, der Sohn meine Schwester Franca, nach Hamburg gekommen. Zuerst hat er an der Seite von meinem Bruder Nando und mir als Kellner im Restaurant angefangen. Nando ist sehr beliebt bei den Gästen und sie verzeihen ihm alles. Allerdings hatte ich Mario auch erzählt, dass man, um ein sehr guter Gastronom zu werden, auch die Küche kennen muss. Und so fragte Mario mich eines Tages, ob

Meine Frau Corinna bei einer Weihnachtsfeier für die Mitarbeiter. Ich habe gekocht und sie hat serviert.

Meine liebe Frau und ich

er auch mal in der Küche arbeiten dürfe. Nach zwei Wochen kam er zu mir und meinte, die Küche sei doch nicht so sein Ding. Aber im Restaurant hat er sich so für das Wohl der Gäste engagiert, dass er damit seine gesamte anfängliche Unerfahrenheit verlor und ist seitdem für die Weinkarte des Restaurants verantwortlich. Bei uns gibt es bis heute ausschließlich italienische Weine.

In der Zwischenzeit hatte ich Corinna, meine jetzige Frau, kennengelernt. Sie ist in der Schweiz geboren, hat eine Schweizer Mutter und einen französischen Vater und spricht perfekt italienisch, französisch und deutsch. Sie war in erster Ehe ebenfalls mit einem italienischen Gastronomen verheiratet und hatte eine siebenjährige Tochter – Caterina, ein wunderhübsches Mädchen. Corinna ist eine außergewöhnliche Frau mit einem sehr starken Temperament, aber gleichzeitig von großer Weisheit. Viele Male hat sie mir mit guten Ratschlägen sehr geholfen. Wenn sie kocht, ist sie unglaublich langsam – aber sie kocht mit so viel Liebe, dass es sich immer lohnt, auf das Resultat zu warten. Vor allem hat sie mich, der ich eher ungeduldig bin, das langsame und behutsame Schmoren von Fleisch gelehrt. Das ist ideal für die Fleischstücke, die etwas sehniger und muskulöser sind, damit sie zart, saftig und aromatisch werden. Und so bekommt man auch phantastische Saucen! Corinna ist zu Hause sehr engagiert und ich bin glücklich, dass sie sich nie eine andere Arbeit gesucht hat. Etliche Male hat sie darüber nachgedacht, sich einen Job zu suchen, aber ich habe sie immer überreden können, das nicht zu tun –

Ein Geschenk Gottes: zusammen mit meinem Sohn Isidoro

ich brauchte sie stets an meiner Seite. In den schwierigen wie auch in den guten Momenten. Erfreulicherweise hält unsere Ehe bis heute und ich brauche nach wie vor ihre Tipps und ihre Ideen. Im Jahr 1995 wurde unser Sohn Isidoro geboren, dass heißt übersetzt „Geschenk Gottes". Ein liebenswerter und charmanter Junge, der die Musik liebt und in Boston ein Bachelorstudium als Toningenieur abgeschlossen hat.

Ich bin sehr froh für ihn, dass er eine andere Branche als ich gewählt hat, denn auch, wenn ich meine Arbeit liebe: Empfehlen würde ich sie ihm nicht. Es ist eine Arbeit, bei der man immer beschäftigt ist – und es ist eine Arbeit „gegen den Strom": Wenn alle anderen ins Kino oder ins Restaurant gehen oder den Abend zu Hause genießen, stehst du da und musst arbeiten.

Wenn man die Gastronomie als Gast betrachtet, scheint sie sehr leicht und sehr schön zu sein – aber es ist harte Arbeit. Trotz allem liebt mein Sohn es zu kochen. Das hat ihm gerade in Amerika sehr geholfen, weil er dort einfach häufig Freunde zu sich einlädt und sie bekocht. So hat er rasch Anschluss gefunden.

Der Vater von Corinna ist in Villars-les-Dombes geboren – einem Dorf, 20 Kilometer von Lyon entfernt. Das Besondere an diesem Dorf ist es, dass dort alle Restaurants nahezu ausschließlich Froschschenkel und Poulet à la Crème anbieten. Als er uns einmal besuchte, hat sich mein Schwiegervater bei uns im Restaurant Froschschenkel bestellt – und uns dann erfreut verkündet, dass diese besser gewesen seien als alle Froschschenkel, die er jemals in seinem Dorf bekommen hatte.

Eines Abends waren zwei ältere Ehepaare bei uns im Restaurant und ich habe frische Froschschenkel empfohlen. Daraufhin meinte die eine der Damen: „Die haben wir selbst", woraufhin ihre Freundin erwiderte „Ja, aber nicht so frisch!"

Meine Schwiegereltern und meine Frau

Unseren Urlaub haben wir immer in Neapel verbracht, wo sich auch Corinnas Tochter Caterina und Alessandro, der zweite Sohn meiner Schwester Franca, kennengelernt haben. Im Jahr 2002 ist Alessandro dann ebenfalls nach Hamburg gekommen – auch, weil er in Caterina verliebt war. Ich habe ihn dann zu Strato in die Küche gesteckt, was sich als eine sehr gute Entscheidung erwies: Denn es zeigte sich rasch, dass Alessandro großes Talent zum Kochen hatte und eines Tages in der Lage wäre, die Verantwortung in der L`Europeo-Küche zu übernehmen.

Um 1984 /1985 erhielt ich einen Brief mit einer Vorladung von einer Sonderkommission der Polizei. Aber nirgends stand eine Telefonnummer und ich wusste überhaupt nicht, worum es ging. Also wandte ich mich an meinen Freud Michelino, den Anwalt Michael Bohndorf. Im Scherz habe ich ihn immer „Avvocato delle Cause perse", also den „Anwalt der verlorenen Fälle" genannt. Michelino war Stammgast in unserem Restaurant und saß oft am Tresen. Nach drei Tagen erzählte er mir, dass diese Sondereinheit gegen die Mafia ermitteln würde. Aber er meinte „Da kannst du ruhig hingehen – die wissen nicht,

dass du der Boss bist!" Ich ging also zu dem Termin, und dort wurde ich gefragt, ob auf mich Druck ausgeübt worden wäre, bei einem bestimmten Importeur Weine zu beziehen. In der Tat hatte ich dort einige Kartons Wein gekauft – aber aus freiem Willen. Zum Glück hat mich in meinen 45 Jahren als Gastronom nie jemand aus dieser Richtung unter Druck gesetzt – ich konnte immer unbehelligt arbeiten.

Zurück zu unserem Anwalt: Das war ein sehr extravaganter Typ. Ständig parkte er sein Auto an den unmöglichsten Stellen im Parkverbot, ständig bekam er irgendwelche Strafmandate – aber ich weiß hundertprozentig, dass er nie eines davon bezahlt hat. Ich weiß bis heute nicht, wie er das geschafft hat. Bis 17 Uhr hat er nie geraucht oder etwas getrunken. Aber nach 17 Uhr hat er drei Schachteln Zigaretten gequalmt und drei Flaschen Wein getrunken. Eines Abends kam er so gegen 20 Uhr ins Restaurant, als dort eine kleine Feier mit ungefähr 25 Personen stattfand – die er alle nicht kannte. Michelino schnappte sich zwei Gläser, stieß sie gegeneinander und verkündete der verblüfften Gruppe, dass er jetzt gern eine kleine Rede halten würde. Diese Rede kam so gut an, dass er dafür spontan Applaus erhielt.

Mit dem Komiker Otto Waalkes in seinem
„Wohnzimmer", dem L'Europeo. Dort hängen
auch einige seiner Bilder an der Wand.

Eines Tages hat er alles verkauft, ist um die Welt gereist und hat mir hin und wieder eine Postkarte aus Brasilien, Indien oder der Türkei geschickt.

Der Importeur, wegen dem man mich bei der Polizei befragt hat, war übrigens selbst ein höchst erfolgreicher Gastronom: Zwischen Schinken, Pasta und Weinkisten hatte er etliche Bierzelt-

garnituren aufgestellt, wo die Gäste abends bei viel lauter Musik feierten, aßen und tranken. Nach etlichen Jahren verließ er Hamburg und ging zurück nach Apulien – wahrscheinlich war er auch genervt wegen dieser Mafia-Gerüchte.

Das L'Europeo wurde immer bekannter und es kamen viele prominente Gäste. Auch Peter Ustinov ist noch einmal erschienen und ich war sehr erstaunt, dass er sich immer noch an die Geschichte mit dem „Nerone" aus dem Dai Vaccarielli erinnert hat. Was ich noch erstaunlicher fand: Nachdem er mich gefragt hatte, wo ich geboren bin, fing er plötzlich an, mit mir im napolitanischen Dialekt zu reden. Unfassbar! Der Mann hat alle Sprachen gesprochen. Am gleichen Tag war auch Otto Waalkes da, einer der ganz großen Komiker Deutschlands. Ein Multitalent, der auch musiziert und malt. Im rechten Raum vom L'Europeo hängen seine Bilder, während im linken Raum Photos meines Bruders Nando prangen. Trotz seiner eigenen Berühmtheit ist Otto so bescheiden, dass er zu Peter Ustinov gegangen ist und nach einem Autogramm gefragt hat. Otto kommt sehr oft zu uns und er bestellt immer alles von der gesamten Karte.

Natürlich muss ich dann die Bestellung filtrieren und selber für ihn zwei Gerichte aussuchen. Einmal ging Otto in das frühere französische Restaurant „Le Cyrano" am Hallerplatz, das meinem Freund Giordano gehörte. Wie er es von mir gewohnt war, bestellte Otto alles von der Karte, was ihm empfohlen wurde. Giordano, der wusste, dass Otto bei uns Stammgast ist, rief mich an und fragte „Was soll ich nur tun – Otto bestellt hier die ganze Karte rauf und runter?" Ich gab ihm den Tipp, einfach nur zwei Gerichte nach seinem Gusto auszuwählen und zu servieren. Glücklicherweise hat er auf mich gehört, denn Otto ist kein großer Esser. Meist pickt er nur in einem Gericht herum und nimmt nur einige Probierhappen. Auch in puncto Wein hat Otto manchmal seltsame Gewohnheiten: Einmal hat er eine Flasche Solaia (einer der teuersten und kostbarsten italienischen Rotweine) bestellt und mit Mineralwasser gemischt. In dem Moment war Hans Otto Mertens, sein ehemaliger Manager, mit dem er oft bei uns war, ausgeflippt. Teilweise ruft Otto mich aus Amerika, oder wo immer er ist, an und lässt mich mit dem Inhaber des Lokals reden, wo er sich gerade befindet. Dann soll ich dem ein Rezept geben oder den Namen eines Weines nennen.

Manchmal kam Otto auch mit Steffi Graf, damals Nummer 1 der Weltrangliste im Tennis, und ihrem Vater Peter Graf vorbei. Bei einer dieser Gelegenheiten habe ich Peter Graf eine ganze bretonische Artischocke serviert. Als ich bemerkt habe, dass er damit nicht zurechtkam, habe ich gezeigt, wie man sie isst, und er hat es sehr gemocht. Das war das erste Mal, dass Peter Graf so etwas bestellt hatte. Otto sagt mir immer, dass mein Beruf wesentlich schwieriger sei als seiner: Weil ich jeden Abend auf der Bühne stehe und jeden Abend mit den Gästen konfrontiert bin. Ich bin mit dieser Einschätzung nicht einverstanden: Das Restaurant ist nicht eine Bühne. Es ist mein Zuhause und mein Leben. Ich verbringe die meiste Zeit im Restaurant. Ich lebe da und lerne jede Art von Menschen kennen: Nicht nur Gäste aus aller Welt, sondern auch Klempner oder Lieferanten. In den langen Jahren habe ich gelernt, die Menschen schnell einzuschätzen.

Mit Otto sind auch viele andere Künstler gekommen – aber am meisten am Herzen liegen mir unter den Gästen die anderen Gastronomen, die bei uns einkehren. Sonntags und Montags haben wir viele Gäste aus der Gastronomie, darunter sehr viele bekannte Kollegen. Es ist

Richtig Artischocken essen
ist gar nicht so einfach.

nicht immer einfach, sie zu bedienen, aber es ist lukrativ: Sie genießen unsere besten Gerichte und dazu die erlesensten Weine, weil sie unsere Qualität schätzen und sie einzuschätzen wissen. Die anderen Gäste sind begeistert, wenn sie diese berühmten Gastronomen bei uns sehen: Das ist für sie der Beweis, dass das L'Europeo ein ordentliches Restaurant sein muss. Einmal habe ich ein Fest ausgerichtet, auf das ich bis heute sehr stolz bin: Auftraggeber war der bekannte Großindustrielle und ehemalige RWE-Vorstand Jürgen Großmann – ein großer Genießer, der als Hobby auch etliche Jahre das Drei Sterne-Restaurant La Vie in Osnabrück betrieben und vor allem finanziert hat. Einmal lud er uns ein, seine Stahlwerke zu besichtigen und anschließend im La Vie mit ihm zu Abend zu essen.

Wir haben diese Einladung mit sieben Leuten angenommen und sind von Herrn Großmann an einen Mitarbeiter verwiesen worden, der uns durch die Stahlwerke geführt hat. Dieser Mitarbeiter hat uns dann erzählt, dass er am Vortag die gleiche Runde mit Bundeskanzlerin Angela Merkel absolviert hatte. Aber er meinte, mit uns sei es viel lustiger gewesen. Nach dem Essen, das übrigens vorzüglich war, fragte Herr Großmann

mich: „Warum hat eigentlich dieses Restaurant, trotz des herausragenden Essens, der schönen Einrichtung und dem guten Service, keinen nachhaltigen Erfolg?" Es stimmte: Es war alles auf den Punkt gegart und der Service war sehr kompetent. Aber meiner Meinung nach fehlte eine Persönlichkeit mit Herz. Zurück zu besagtem Fest: In einem Jahr hatte das „La Vie" in Osnabrück drei Sterne errungen und war somit in die Liga der höchst bewerteten Restaurants Deutschlands aufgestiegen. Um das zu feiern hat

Herr Großmann alle Mitarbeiter, circa 30 Personen, zu uns ins L'Europeo eingeladen.

Wir haben eine nach der anderen unserer Spezialitäten serviert – ohne große Pausen. Und das Team vom „La Vie" hat sich sehr gewundert, wie wir das hinbekommen haben mit unserer kleinen Küche. Nach jedem Gang sind sie nacheinander in unsere Küche marschiert, mehr als drei Leute gleichzeitig passen da nicht hinein, und haben die Komplimente an Alessandro weitergegeben. Ein anderer, sehr lieber Stammgast war der leider verstorbene Hamburger „Fischpapst" Rüdiger Kowalke vom Fischereihafen-Restaurant. Auch er hat häufig bei uns gefeiert, gemeinsam mit seiner Frau Susanne, einer Frau mit großem Charme und viel Kultur. Auch nach seinem Tod hat Susanne uns als Gast die Treue gehalten und kehrt weiterhin bei uns ein. Viele Menschen schwören ja Stein und Bein, dass man bei uns den besten Fisch essen kann. Einer unserer Lieferanten, Joachim von Hummer Pedersen, nennt mich „Den, der mit dem Fisch spricht": Bei Fischen weiß ich immer ganz genau, wann und wo sie gefischt worden sind. Der Fisch wird bei uns mit sehr großer Aufmerksamkeit kontrolliert und früher haben wir oft Fischlieferungen zurückgehen lassen.

In der Zwischenzeit passiert das nur noch sehr selten – denn die Lieferanten sind es müde, die Fische spazieren zu fahren und geben uns von vornherein die beste Qualität.

In unserem Restaurant gibt es keine Speisekarte: Die Gerichte werden mündlich vorgetragen. Neue Gäste sind oft sehr skeptisch, da wir ja auch keine Preise mit angeben, und fürchten, am Ende betrogen zu werden. Aber wenn sie gegessen haben und danach die Rechnung erhalten, empfinden sie meist die Balance von Qualität und Preis als korrekt. Sie bedanken sich und versprechen wiederzukommen. So ist der Kreis der Gäste über die Jahre immer größer und größer geworden.

2011 hat sich mein Bruder Strato selbständig gemacht und sein eigenes Restaurant eröffnet: das „Il Cantuccio".

Mein Bruder Strato ist ein begnadeter Koch – aber der Erfolg eines Restaurants hängt nicht ausschließlich von der Küche ab. Ein auf Dauer

Bei Hummer Pedersen an der Elbe:
Ich nehme mir viel Zeit beim Begutachten der Hummer,
der Jacobsmuscheln (aus Norwegen)
und des Kabeljaus (aus Island). Die Qualität
der Zutaten ist die Grundlage für eine gute Küche.

erfolgreiches Restaurant ist ein Gesamtkunst-
werk aus Küche, Klima, Charisma, Service, Qualität
und Empfang. Meinen Mitarbeitern habe ich
beigebracht, allen Gästen entgegenzugehen und
sie mit einem Lächeln zu empfangen – auch wenn
es Diebe sind, Polizisten oder Finanzbeamte.

Eine kleine Anekdote zum Schmunzeln:
Eines Abends bat ein Gast meinen Mitarbeiter
Leonardo, einen einfachen Jungen vom Lande,
darum, ihm seine Zigarre anzuschneiden.
Stattdessen zerschnitt Leonardo die äußerst
teure Zigarre in zwei gleich große Stumpen, die
er dem Gast stolz servierte. Der Gast hat Gott
sei Dank nur gelächelt und in Ruhe seine halbe
Zigarre geraucht.

Strato in seinem Reich

Die tagesaktuellen Spezialitäten werden
von mir auf die Tafel geschrieben.

In jener Zeit hat Alessandro die Geschicke
der Küche in seine Hand genommen – erst mit
Anlaufschwierigkeiten, aber dann wurde er
immer selbstsicherer und hat sich schon längst als
großer Könner bewiesen. Er ist sehr schüchtern
und kommt ungern aus seiner Küche, um an den
Tischen die Komplimente der Gäste oder auch
mal konstruktive Kritik in Empfang zu nehmen.

In der Zwischenzeit hat Alessandro meine an-
geheiratete Tochter Caterina, die Tochter meiner
Frau aus erster Ehe, geheiratet. Aber zu dieser
Konstellation habe ich nichts beigetragen. Die
Gäste sind häufig sehr erstaunt über diese Liaison
und denken an Inzucht. Ich kann sie dann immer
beruhigen, indem ich den wahren Zusammen-
hang aufkläre und ihnen versichere: „Das ist nur
eine große Freude für die ganze Familie!".

Seit der Hochzeit wurden ihnen zwei Kinder
geboren. Das hat Alessandro mehr Halt und
Sicherheit gegeben, und als Familienvater ist er
noch motivierter, mit großem Engagement und
großer Konzentration zu arbeiten. Alessandros
besondere Stärke ist, dass er immer ganz ruhig
bleibt – auch wenn sich das Restaurant innerhalb
von 15 Minuten füllt. Die schwierigste Zeit im
Restaurant ist der Sonntagabend: Die Gäste
wollen das Wochenende mit einem guten Essen
abschließen, aber sie erscheinen alle zwischen
18 Uhr und 18.15, wollen schnell essen und um
20 Uhr zu Hause sein, damit sie sich erholen und
die nächste Woche gut angehen können.

Wir sind ja sowieso schon ein Stück Italien in
Hamburg – aber nie geht es so italienisch bei uns
zu wie am Sonntagmittag: Die Gäste sind fast
immer die Gleichen – und sie bleiben den ganzen
Nachmittag sitzen, teilweise bis viertel vor Sechs.

Alessandro in der Küche des L'Europeo

Alessandro, meine Tochter Caterina und die Kinder
Raul und Juliette, meine liebevolle Familie

Manchmal müssen wir sie dann freundlich hinauskomplimentieren – denn in der Regel sind alle Tische ab 18 Uhr wieder reserviert.

Einer dieser Stammgäste ist Jochen Döhle – einer der bedeutendsten Reeder Hamburgs und sicherlich unser bester Gast. Er ist auch einer derjenigen, die immer so lange bleiben, bis wir den Tisch wieder benötigen. Aber er ist uns dafür nicht gram – er sucht sich einfach ein anderes Plätzchen,

bleibt auch nach 18 Uhr sitzen und plaudert mit den neu hinzukommenden Gästen – er kennt sie alle! Er ist ein Mann mit einem großen Herz – und er ist immer bereit, allen zu helfen. Deshalb wird er von allen sehr geliebt und respektiert.

Gemeinsam mit ihm kommen auch viele andere Reeder zu uns, unter anderem Thomas Eckelmann – ein sehr kluger Mensch. Für die anderen Reeder ist die Zusammenarbeit mit ihm wichtig: Er ist der größte Aktionär von Eurogate und Eurokai und einer der größten Container-Projektentwickler der Welt. Thomas Eckelmann ist verheiratet mit der Italienerin Cecilia, eine faszinierende Frau, die sehr verliebt in unsere Küche ist. Anlässlich seines 50. Geburtstages hat er zu einer Feier ins L'Europeo eingeladen, mit zahlreichen bedeutenden und prominenten Gästen. Unter anderem war eine blaublütige Dame vom deutschen Hochadel dabei, die mich auf einmal fragte, wo unsere Personaltoiletten seien. Etwas verwundert fragte ich sie, ob es denn Probleme mit unseren Toiletten gäbe. Nein, meinte sie, alles sei blitzsauber und perfekt, aber sie würde dennoch gern wissen, wo die Personaltoiletten seien. Am Ende habe ich ihr wunschgemäß gezeigt, wie man zu den Personaltoiletten

Wir sind ja sowieso schon ein Stück Italien in Hamburg.

In später Stunde im Sale e Pepe mit meinem
Kompagnon und Freund Giordano, genannt JoJo

gelangt, und habe mich wieder um die anderen
Gäste gekümmert. Nach etwa fünfzehn Minuten
kam sie wieder zu mir, zupfte mich am Ärmel
und flüsterte „Es war fantastisch!"

In der Zwischenzeit hatte ich mit meinem
Freund Giordano noch das Restaurant „Sale e
Pepe" eröffnet – ein Souterrainlokal in der
Sierichstraße. Das Restaurant war ein großer
Erfolg, auch wegen eines Ägypters, der im
Service arbeitete und sich Ali nannte. Es ist
unglaublich schwer, den Charme dieses jungen
Mannes zu beschreiben. Er wurde von den
Gästen sehr geliebt, obwohl er nichts verstand
von italienischen Spezialitäten. Aber er hat alles
ersetzt durch Liebe und Lächeln, und er hat
immer alle Gäste zufriedengestellt. Später bekam
er dann eine Beamtenstelle in Ägypten und
musste uns dafür verlassen. Als er das unseren
Gästen erzählte, haben sie ihn mit Geschenken
überhäuft und er brauchte einen halben Container,
um das alles nach Ägypten zu schaffen.

Das ist wieder einmal ein Beweis dafür, dass
man mit Liebe und Lächeln vieles ersetzen kann –
auch den Mangel an Erfahrung.

Jedes Jahr zu Weihnachten bekommen unsere
Stammgäste ein Geschenk von uns: Zum Beispiel

eine Käsereibe, eine Pfeffermühle, ein Holzbrett
mit Messer oder einen Decanter. Aber es wird von
Jahr zu Jahr schwieriger etwas zu finden, was
in das Konzept passt. Dennoch: Das Ganze ist
mittlerweile so eine Tradition geworden, dass uns
die Gäste schon im April oder Mai fragen, was
es dieses Jahr gibt. Ich glaube, dass Weihnachten
in Deutschland das wichtigste und auch das
gefühlsbetonteste Fest ist: Man organisiert die
Firmenweihnachtsfeier, man trifft sich noch mal
mit Freunden, bevor es in den Urlaub geht, oder
man schart die Verwandtschaft um sich.

Damals, als ich noch Saxophon gespielt habe (mit wenig Erfolg), obwohl Nando und Strato mich immer ermutigt haben.

Allerdings liegt vor Weihnachten auch eine gewisse Aufgeregtheit in der Luft – und das wird immer ausgeprägter, je näher der Heilige Abend rückt. Das ist für uns die schwierigste Periode im Jahr: Das Telefon klingelt andauernd, und die Anfragen werden immer komplizierter zu organisieren.

„Wir sind jetzt nicht mehr drei, wir sind sieben, geht das auch?" oder

„Wir haben für Freitag reserviert, können wir stattdessen auch am Samstag kommen?"

„Unsere Freunde sind krank geworden, wir sind nicht zu sechst, sondern nur zu zweit"

„Dürfen wir statt um 19 Uhr um 20.30 Uhr erscheinen?"

In all diesen Fällen muss man die Ruhe bewahren und versuchen, die Gäste glücklich zu machen. Natürlich ist das auch eine lukrative Phase für das Restaurant – aber manchmal träume ich davon, dass wir eines Tages alle unsere Gäste überraschen und genau in dieser Zeit unseren Jahresurlaub machen werden.

Ich spiele, wenngleich recht dilettantisch, ein wenig Saxophon. Manchmal, wenn ein Stammgast Geburtstag hat, bringe ich ihm ein Ständchen und intoniere „Happy Birthday".

Das lieben unsere Gäste sehr. Eines Abends war die Band „Supertramp" bei uns zu Gast und eines der Bandmitglieder hatte Geburtstag. Also holte ich mein Saxophon und wollte wie gewohnt mein Ständchen bringen. Aber in diesem Moment begannen die Bandmitglieder rhythmisch zu klatschen und ich war so aufgeregt, dass ich nicht einen einzigen Ton hervorbrachte. Da habe ich nicht gerade „Bella Figura" gemacht. Aber zum Glück ist es mir gelungen, das mit einem großartigen Abendessen für die Band zu kompensieren. Den Supertramp-Jungs hat es bei uns sogar so gut geschmeckt, dass sie eines Abends, nachdem sie ein Konzert in Bremen hatten, anschließend extra zum Abendessen zu uns nach Hamburg gekommen sind.

Lionel Richie, der Popsänger,
bei einem Konzert

Einmal rief Lionel Richie bei uns an. Ich kannte ihn nicht und hatte auch noch nie etwas von ihm gehört. Er fragte am Telefon, ob er bei uns Tagliatelle mit Trüffeln essen könne. Ich antwortete „Kein Problem – Hauptsache, du hast Geld". Er kam dann mit drei anderen Gästen zu uns und sie haben Tagliatelle mit Trüffeln verspeist. Derweil saßen zwei Stammgäste von uns am Nachbartisch. Als ich sie fragte, was sie essen möchten, antworteten sie, dass sie nicht in der Lage wären, etwas zu Essen zu bestellen – sie seien zu aufgeregt. Ich fragte besorgt, was ihnen denn so auf den Magen geschlagen sei. Darauf raunten sie mir zu: „Am Nebentisch sitzt Lionel Richie! Wahnsinn! Bei dem sind wir heute Abend im Konzert!" Lionel Richie bekam die Aufregung mit, hat sich die Namen der beiden Gäste geben lassen und sie anschließend während des Konzerts persönlich begrüßt.

In meinem Beruf ist es absolut erforderlich, hin und wieder Urlaub zu machen. Man muss den Stecker ziehen und sich regenerieren. Urlaubszeiten sind allerdings auch gute Zeiten für Kreativität und neue Entdeckungen. Man kann sich Anregungen in anderen Restaurants holen,

Dinge ausprobieren, und manchmal lauert in einer einfachen „Tavola Calda", einem schlichten Imbisslokal, die Inspiration für ein geniales neues Gericht. Immer wenn wir aus dem Urlaub zurückkommen, habe ich drei bis vier neue Gerichte für unsere Gäste im Gepäck. Die Stärke unseres Restaurants besteht auch in seiner sehr saisonalen Ausrichtung – es kommt immer das auf den Tisch, was gerade frisch in bester Qualität auf dem Markt ist. Und natürlich berücksichtigen wir das Wetter: Ein lauer Sommerabend ist nicht der beste Anlass, um schwere Schmorgerichte auf die Karte zu setzen. Die Winterteller müssen etwas mehr Kraft haben als die Sommerteller. Konsequenz: Die Winterteller haben mehr Kalorien.

Seit 2006, dem Jahr der Fußballweltmeisterschaft in Deutschland, haben wir die Erlaubnis bekommen, vor dem Restaurant eine Terrasse zu bauen.

Wir hatten eine große, ungepflegte Wiese vor dem Restaurant, die wir in eine wunderschöne Terrasse verwandelt haben – obwohl sie sich mitten an einer lebhaften Kreuzung befindet. Dafür müssen wir jedes Jahr ein hübsches Sümmchen, rund 2000 €, an die Stadt

entrichten. Der Grund dafür ist, dass dieses Areal städtisches Eigentum ist. Und obwohl wir eine Wüste in ein Paradies verwandelt haben, müssen wir bezahlen. Einmal hat ein Gast zu mir gesagt: „Es ist unglaublich: Ich habe den schönsten und größten Garten Hamburgs – aber ich liebe es, hier bei dir zu sitzen – mitten auf der Kreuzung". Die Terrasse war eine gute Investition, denn seit vielen Jahren lieben es die Hamburger, draußen zu essen, wenn sich die Möglichkeit dafür bietet. Wenn das Wetter unsicher ist, setzen sich einige nach draußen und einige nach drinnen, was dem Service die Arbeit nicht erleichtert. Das Wichtigste ist es, niemals die Plätze, die im Innenraum zur Verfügung stehen, zu überbuchen. Inzwischen sind wir eines der ältesten Restaurants in Hamburg – und obwohl wir uns eher an der Peripherie befinden, kommen viele unserer Gäste von weither.

Seit vielen Jahren haben wir einen Samstags-Stammtisch. Das ist eine Gruppe von Gästen, die ich auch schon aus Nienstedten kenne und die früher ins Dai Vaccarielli gekommen sind.

Einer davon ist Peter Wehle, den ich schon erwähnt hatte. Ein anderer ist Ascan, genannt „Assi", ein wahrer Freund, den ich schon seit über 43 Jahren kenne. Er ist 70 Jahre alt, aber meiner Ansicht nach hat er schon 130 Jahre gelebt. Er hat nie Nein gesagt zu einem Glas Wein oder zu einem Digestif. Und es gab noch nie eine Feier, wo er nicht dabei war. Außerdem zählen dazu Hans Otto Mertens, Dieter Wende und Klaus Struwe, genannt Doggi. Ein sehr sympathischer Mensch, der gerne isst. Aber er ist auch anspruchsvoll und fragt jeden Samstag nach einer neuen Spezialität. In jedem Fall sind das die größten Kommunikatoren Hamburgs: Sie erzählen mir alles, was hier und dort passiert, wo sie gegessen haben und was für Spezialitäten es dort gab ... So weiß ich über die neuesten Bewegungen in der Gastronomie und bei meinen Gästen immer Bescheid und bekomme hin und wieder spannende Anregungen für neue Gerichte.

Wenn ich an Tischen vorbeigehe, höre ich immer aufmerksam auf die Kommentare der Gäste, denn auch das beste Gericht kann man immer noch weiter verbessern. Sehr aufmerksam höre ich vor allem auch auf Reklamationen – selbst, wenn ich da nicht immer mit allem einverstanden bin, so steckt doch fast in jeder Kritik ein Körnchen Wahrheit. Ohnehin diskutieren wir nicht mit dem Gast. Beim leisesten Hauch von Kritik nehmen wir den Teller mit und servieren neu. Ich liebe meinen Job – besonders wenn ich Gäste bediene, die richtig Ahnung haben. Die wissen, was sie essen wollen, und bestellen sich die spannendsten Gerichte. Das sind häufig zum Beispiel die großen, tollen Fische, die man sich zu Hause meist nicht macht. Und für die Küche ist es

auch viel entspannter, einen prächtigen Steinbutt für vier Personen zuzubereiten, als vier verschiedene Hauptgänge.

Ich hasse meine Arbeit, wenn neue Gäste kommen und vor allen dann, wenn das Restaurant noch leer ist. Wenn ich dann an den Tisch gehe und ohne Speisekarte meine Gerichte anpreise, schauen sie mich ganz erstaunt an und denken, dass ich aus einer anderen Welt komme. Sie stellen mir tausend Fragen, weil sie uns nicht kennen und noch kein gewachsenes Vertrauen da ist. Aber am Ende sind die meisten begeistert.

Natürlich ist es leichter, einen Gast zufriedenzustellen, der uns zwei Mal im Monat besucht. Dann gibt es immer die Möglichkeit, ihm etwas Neues anzubieten. Ein Gast hingegen, der vier bis fünf Mal die Woche zu uns kommt, hat einen wesentlich höheren Anspruch – und natürlich haben wir nicht jeden Tag etwas Neues für ihn. Zu diesen Gästen gehören Steffi und Manfred: Ich glaube, sie haben keine Küche zu Hause. Sie gehören zu unserem lebenden Inventar. Sie kennen alle Gäste, plaudern mit allen und gehören einfach dazu. Es ist gar nicht einfach, alle Gäste zufrieden-

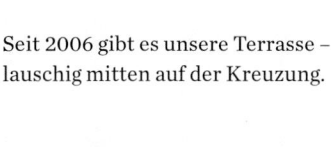

Seit 2006 gibt es unsere Terrasse – lauschig mitten auf der Kreuzung.

zustellen, denn die Wünsche sind äußerst vielfältig: „Ich möchte mein Steak länger gebraten, ich hätte es gerne dünner, ich hätte es gerne dicker, für mich bitte kein Fett am Essen, kann man das statt mit Rind auch mit Kalb machen, bitte nicht scharf gegrillt, nur leicht angebraten, nein ich mag kein Schwein, bitte keinen Knoblauch, bitte keinen Pfeffer, bitte vorsichtig sein mit den Peperoncino, bitte keine Kräuter, das einzige Kraut, das ich vertrage, ist Thymian", und so weiter und so fort. Je öfter ein Gast kommt, desto größer werden die Ansprüche. Es ist aber auch schön, dass es so ist, weil jeder seinen Geschmack hat und er zufrieden nach Hause gehen soll. Es ist die Aufgabe des Gastronomen, die Wünsche des Gastes an die Küche weiterzugeben – und es ist die Aufgabe des Kochs, die Ruhe zu bewahren, auch wenn er tausend Pfannen benutzen muss.

Die Jahre vergehen, ich bin nicht mehr der junge Napolitaner auf der Suche nach Abenteuern – aber ich bin auf der Suche nach einer neuen Generation, die das Restaurant führen kann. Und ich muss sagen, das ich vom Glück geküsst worden bin: Mario und Alessandro, die Söhne meiner Schwester Franca, haben die

Größe, dieser Verantwortung gewachsen zu sein – und peu à peu habe ich sie immer mehr in die Führungsaufgaben integriert. Es ist nicht einfach gewesen: Zwar sind beide Superjungs, aber sie haben auch ihren eigenen Charakter.

Wenn es dem Koch gelingt, ein neues, tolles Gericht zu entwickeln, und der Service es schafft, dieses den Gästen so schmackhaft zu machen, dass ihnen schon bei der Beschreibung das Wasser im Munde zusammenläuft, dann spart man sich ein wenig Arbeit: Die meisten Gäste werden dieses neue Gericht bestellen und die Küche kann sich darauf einstellen. Auch beim Empfang der Gäste gibt es Unterschiede: Der eine möchte per Handschlag begrüßt werden, manch anderer lieber umarmt, ein anderer freut sich über ein Küsschen oder ein Schulterklopfen – aber alle möchten mit einem Lächeln und guter Laune empfangen werden. Sie möchten sich gut aufgenommen fühlen, sie möchten, dass ihre Seele gestreichelt wird – und natürlich müssen sie den Eindruck haben, dass sie die allerwichtigsten Gäste im Restaurant sind. Man darf nie einen Gast vernachlässigen, um sich über Gebühr um

*Die Gäste möchten
mit einem Lächeln und guter Laune
empfangen werden.*

einen anderen zu kümmern, auch wenn das vielleicht ein Prominenter ist. Es darf keine Zwei-Klassen-Gesellschaft geben und gerade bei den Prominenten muss man darauf achten, sie ganz normal zu behandeln.

Das Personal ist im Restaurant ein ganz schwieriges Thema: Es ist nicht einfach, 12–14 Personen in ein Boot zu setzen und dafür zu sorgen, dass sie alle in die gleiche Richtung rudern. Manchmal muss man hart sein und die Zähne zeigen – aber ab und zu muss man streicheln und Komplimente machen. Im Laufe der Jahre haben wir viele Mitarbeiter gehabt, sowohl im Gastraum als auch in der Küche, und ich habe mir immer von allen die Probleme aufmerksam angehört. Und soweit es möglich war. habe ich es meistens geschafft, ihnen zu helfen. Viele haben mir auch nützliche Vorschläge für das Restaurant unterbreitet – und andere haben für lustige Anekdoten gesorgt. So sah einmal ein neuer Kellner, wie wir Sambuca mit Kaffeebohnen serviert haben und dachte sich, dass man beim Grappa genau so verfahren müsse. Könnt ihr euch das Gesicht des Gastes vorstellen, der einen Grappa mit Kaffeebohnen serviert bekam? Im Service tragen

alle Mitarbeiter die gleichen Hemden: Bei diesen ist immer die Jahreszahl aufgestickt, wie lange das L'Europeo existiert. Mit den Jahren haben uns einige Gäste angeboten, diese Hemden für uns zu sponsern. Unser geliebter Sponsor ist Tom Reimer: Er ist jemand, der gerne isst, viel Ahnung hat und sehr gerne kocht. Tom Reimer war einer der exklusivsten Herrenausstatter in Hamburg und hatte einen berühmten Laden am Mittelweg.

Er hat sehr viel mit Zulieferern und Tuchwebern aus Neapel gearbeitet, denn dort sitzen die besten Herrenschneider der Welt und einige der bekanntesten Modemarken im Spitzensektor.

Die Hemden von Tom sind von so erlesener Qualität, dass sie jahrelang halten, und so mussten wir häufig einfach nur neue Jahreszahlen anbringen lassen. Wenn neue Gäste fragen, was es mit der Nummer auf den Ärmeln auf sich hat, lächele ich sie an und verkünde ihnen: „Das ist der Faktor, mit dem Ihre Rechnung multipliziert wird!"

Der Faktor ist mittlerweile ganz schön hoch – denn am 17. Mai 2020 hätten wir unser 40stes Jubiläum begehen können, hätte uns Corona keinen Strich durch die Rechnung gemacht.

*Sie möchten sich
gut aufgenommen fühlen,
sie möchten,
dass ihre Seele gestreichelt wird.*

Natürlich habe ich in meinem Leben auch schon etliche Fehler gemacht. Das ist nicht schlimm, denn aus Fehlern kann man lernen. Aber man sollte möglichst nicht den gleichen Fehler zum zweiten Mal begehen.

Eines Abend aß bei uns ein lieber Stammgast, Herr Harms, dem früher die Fleischwarenfabrik Hareico gehörte. Im Weggehen sagte er zu mir: „Toni, ich brauche nächsten Freitag einen Tisch für sechs Personen um 20.30 Uhr". Ich war sehr beschäftigt, gab ihm das Zeichen „Alles in Ordnung!", habe aber an diesem Abend vergessen, die Reservierung zu notieren. Pünktlich am Freitag um 20.30 Uhr stand Herr Harms mit seinen fünf Gästen vor der Tür. Aber: Das Restaurant war voll besetzt. In dem Moment, als ich ihn sah, fiel mir sofort seine Reservierung wieder ein. Ich wollte das wiedergutmachen, und habe versucht, die Gruppe zu einem Drink einzuladen, bis vielleicht irgendwo ein Tisch frei wird. So habe ich mich bemüht, meinen Fehler zu kaschieren und die Situation irgendwie zu retten. Aber er hat das gemerkt, war zu Recht sauer und ist mit seinen Gästen sofort wieder gegangen. Am nächsten Tag schrieb ich ihm einen Brief mit tausend Entschuldigungen und habe ihm eine Flasche Chivas Regal, seinen bevorzugten Apéritif, geschickt. Es sind zwei bis drei Wochen ins Land gegangen, bis Herr Harms endlich wieder anrief und bei mir einen Tisch reservierte. Glücklicherweise hat er mir verziehen.

Wenn ich meinen Bruder Nando auf Fehler hinweise, die er begangen hat, sagt er immer: „Was soll ich tun – soll ich mich umbringen?" Natürlich nicht, aber es gibt immer eine Lösung, man muss nur reagieren und aus den Fehlern lernen.

Manchmal gehe ich abends mit meiner Frau aus und frage sie „Wohin wollen wir heute Abend essen gehen?" In der Regel antwortet sie: „Das ist mir egal, Hauptsache, es gibt guten Wein." Sie trinkt nur ein Glas, aber der Wein muss super sein.

Eine gute Weinkarte hilft deutlich, den Umsatz zu erhöhen. Ein Mitarbeiter von mir hat immer gesagt: „Man kann eine Portion Pasta und ein Steak essen – aber beim Trinken gibt es keine Grenzen!" Wir haben hier schon fröhliche Runden gehabt, bei denen in der Tat etliche Flaschen guten Weines geköpft worden sind. Den Rekord haben einmal zwei Herren aufgestellt, die ich hier nicht namentlich nennen möchte:

Die schönsten Stunden
verbringe ich mit meinen Mitarbeitern,
wenn wir gemeinsam essen...

Gemeinsames Essen mit den Mitarbeitern

Sie haben es geschafft, an einem Tag zwischen ein Uhr Mittag und zwei Uhr nachts zwölf Flaschen Rotwein zu leeren. Oft kommen Gäste, die gar nicht groß essen, sondern lediglich ein Glas Wein mit Culatello di Zibello, das ist der mit Abstand beste Schinken Italiens, Pecorino oder Parmigiano Reggiano genießen wollen. Diese Gäste machen mich sehr glücklich, denn sie machen ja trotzdem Umsatz, aber keine Arbeit für die Küche.

Daher hält Mario die Weinkarte immer auf dem neuesten Stand, verbunden mit einer großen Jahrgangstiefe und Raritäten.

Die Gäste sind sehr anspruchsvoll: Unlängst fragte mich zum Beispiel ein Gast nach einer Aspirintablette. Normalerweise haben wir die immer in unserem kleinen Erste Hilfe-Koffer verfügbar, aber diesmal waren sie leider aufgebraucht. Der Gast war darüber ziemlich verärgert. Das fand ich nicht ganz angemessen, und ich habe mich in diesem Moment gefragt, ob es denn in der Apotheke auch Lasagne oder Cannelloni gibt.

Die schönsten Stunden verbringe ich mit meinen Mitarbeitern, wenn wir gemeinsam essen oder wenn wir nach Feierabend zusammensitzen und uns die ganzen Geschichten erzählen, die am Abend passiert sind. Schön ist es auch, wenn Alessandro wieder ein neues Gericht kreiert hat und wir es alle gemeinsam probieren: Dann sagt jeder seine Meinung dazu und es wird so lange daran herumgetüftelt, bis alle zufrieden sind. Dann kann es auf die Karte.

In Folge der Finanzkrise 2008 folgte 2009 eine große Schifffahrtskrise, welche die Reeder besonders betroffen hat und die bis heute fort-

...oder wenn wir nach Feierabend zusammensitzen und uns Geschichten erzählen.

wirkt. Früher waren die Reeder unsere besten Kunden, die es richtig krachen ließen und regelmäßig Magnum- und Doppelmagnumflaschen bis zum Gehtnichtmehr bestellten. Heute haben sie die Ruder deutlich angezogen, die Beine wieder fest auf dem Boden und die Dreiliterflaschen Tignanello gehören der Vergangenheit an. Erfreulicherweise sind seitdem zahlreiche Gäste aus einer neuen Boombranche zu uns gestoßen: die Immobilien- und Projektentwickler. Das sind keine großen Weintrinker, aber sie kommen häufig und regelmäßig zum Abendessen. Es ist auch sehr wichtig, den Anschluss an die neue Genießergeneration nicht zu verpassen. Wenn die Menschen älter werden, essen und trinken sie automatisch weniger – und sie gehen nicht mehr so oft ins Restaurant. Stattdessen kommen jetzt häufiger die Kinder und die Enkelkinder. Ich kann mich daran erinnern, dass an einem Sonntag drei Generationen einer Familie nacheinander am gleichen Tisch gegessen haben: Um 18 Uhr kamen die Großeltern, um 20 Uhr aßen deren Kinder und um 22 Uhr die Enkel.

Das Telefon hat eine der wichtigsten Funktionen in einem Restaurant: Viele Gäste sind konservativ in ihren Gewohnheiten und lieben es, immer am gleichen Tisch zu sitzen. Dann ist es gut, ihnen, falls sie anrufen, um zu reservieren, gleich am Telefon sagen zu können, dass ihr Lieblingstisch schon besetzt ist. Teilweise versuche ich dann, den Gast auf einen anderen Tag zu lenken, damit er dann seinen Stammtisch bekommen kann. Ich kenne die Gewohnheiten der Gäste genau und kann so auch gut abschätzen, wie lange unsere Gäste verweilen. So kann ich dann bei Gästen, die um 18 Uhr kommen und von denen ich weiß, dass sie nie länger als zwei Stunden bleiben, den Tisch um 20.15 Uhr noch einmal vergeben. Oder wenn ein Tisch für später reserviert ist, kann ich auch mal Gästen am Telefon sagen „Kommt schnell vorbei, ich kann euch den Gartentisch noch für anderthalb bis zwei Stunden geben". Ich versuche immer selber ans Telefon zu gehen, bin aber auch ganz entspannt, wenn Mario den Hörer abnimmt. Wenn andere Mitarbeiter ans Telefon gehen, gibt es schon hin und wieder mal ein paar Missverständnisse: Da wird dann mal statt des Samstags der Sonntag notiert, aus Schindler wird Schneider und das ist ein Unterschied: Denn Schindler sitzt lieber links und Schneider lieber rechts.

„Aber Toni, wir wollten doch italienisch essen!"

In Neapel ein Nationalgericht: Aal steht an Heiligabend
in fast jedem Haushalt auf der Speisekarte.
Am liebsten esse ich den Aal mit weißen Bohnen.

Nach vielen Jahren zäher Erziehungsarbeit haben wir es geschafft, unsere italienischen Lieferanten dazu zu bringen, uns die besten Produkte aus Italien zu importieren. Das war gerade bei Gemüse und Obst gar nicht so einfach, denn aus logistischen Gründen arbeitet der Hamburger Großmarkt fast ausschließlich mit Produzenten aus Holland und Spanien. Insbesondere Andronaco (Supermercato Italiano) konnte ich davon überzeugen, zunehmend für uns besondere Spezialitäten aus Italien zu beschaffen. Das hat das Wachstum und die Qualität der italienischen Gastronomie in Hamburg beflügelt. Mittlerweile schafft Andronaco es wöchentlich, pünktlich und zuverlässig, frische italienische Produkte nach Hamburg zu liefern. Auch viele andere qualitätsorientierte Gastronomen haben das darin liegende Potenzial erkannt und angefangen, diese Spezialitäten regelmäßig zu kaufen. Natürlich kann man sich auch mit vielen Gastronomen zusammentun, gemeinsam importieren und so vielleicht die Kosten für den Zwischenhändler sparen – aber Gastronomen unter einen Hut zu bekommen, ist ein viel zu schwieriges Unterfangen und bekanntermaßen verderben zu viele Köche den Brei.

Vor vielen Jahren haben wir uns einmal mit neun Gastronomen zusammengetan, um ein großes Fest in der Fabrik in Altona zu organisieren, zu dem wir eingeladen haben. Aber bis wir uns einig waren, mussten wir uns so oft treffen, dass am Ende die Kosten unserer Zusammenkünfte die des Festes überstiegen haben, an dem 500 Leute teilgenommen haben. Die Feier war dann aber auf jeden Fall ein Erfolg.

Jahre später habe ich noch einmal zu einem Fest für 600 Leute eingeladen, aber nur mit

LA MAFIA DEL L'EUROPEO

Dieses Bild ist unser Logo geworden. Es wurde uns von einem Gast geschenkt und von einem Künstler aus Berlin gezeichnet: Ferdinando, Antonio, Strato (v.l.n.r.)

meinem Freund Giordano vom damaligen Sale e Pepe. Das war eine Verrücktheit, aber die Leute reden heute noch davon. Obwohl wir alle Lebensmittel und Produkte gesponsert bekamen und nur die Miete, das Personal, die Leihmöbel, das Geschirr, die Reinigung und die Musik bezahlen mussten. Es war so teuer, dass ich beschlossen habe, solche Großveranstaltungen nicht mehr zu organisieren.

Am Anfang bin ich immer zum Gemüsemarkt und zum Fischmarkt gefahren. Aber im Laufe der Zeit habe ich mir einige Lieferanten und Importeure aufgebaut, mit denen wir schon im Voraus ein Programm festlegen. So stimmen wir uns mit Hummer Pedersen, unserem Lieferanten für Steinbutt, Kabeljau, Seezunge und andere Produkte aus der Nordsee, wöchentlich ab und definieren die Liefermengen, damit er planen kann. Teilweise, wenn Stürme über der Nordsee toben und der Nachschub stockt oder Fische Schonzeit haben, wie beispielsweise die Seezunge im Juni und Juli, weichen wir auf andere Fische aus wie Sardinen, Sardellen, Schwertfisch, Makrele oder Thunfisch. Auch daraus kann man sehr wohlschmeckende Gerichte bereiten. Manchmal amüsiere ich mich ein

wenig, wenn ich meinen Gästen Aal anbiete. Dann schauen sie mich ganz erstaunt an und sagen: „Aber Toni, wir wollten doch italienisch essen!" Sie wissen nicht, das Aal in Neapel ein Nationalgericht ist und Heiligabend in jedem Haushalt gebraten wird.

Ich bin jetzt siebzig Jahre alt und ich bin wirklich glücklich, wie sich Mario und Alessandro entwickelt haben: Ich brauche nicht mehr einkaufen zu gehen, ich muss nicht mehr die Buchführung machen und ich muss mich auch nicht mehr ums Personal kümmern. Sie haben mir die ganze Last von den Schultern genommen und es gibt Abende, da komme ich gegen 18 Uhr ins Restaurant und bin gegen 22 Uhr wieder zu Hause. Die Gäste sehen mich und freuen sich darüber. Jetzt, mit meinem siebzig Jahren, liegt es mir am Herzen, einen Gast besonders zu erwähnen: Er heißt Walter Wiebold. Schon am Anfang des L'Europeo kam er oft gemeinsam mit seinem Vater ins Restaurant. Sie waren da schon Chocolatiers und betrieben und betreiben eine bekannte Manufaktur für Schokotrüffel in Elmshorn.

Nach dem Tod des Vaters hat Walter Wiebold das Unternehmen immer weiter nach vorn ent-

Liebe, Lachen, Leben, L'Europeo:
Die ersten drei Begriffe sind das
Motto von Herrn Wiebold. Den vierten
haben wir dazu gedichtet.

wickelt und produziert mittlerweile eine Vielzahl edler Schokoladenspezialitäten. Wenn er und seine Frau ins Restaurant kommen, tun sie dies nie mit leeren Händen: Sie haben immer drei bis vier vollgepackte Tüten mit Schokoladenspezialitäten dabei. Zusätzlich bekommen wir immer zu Ostern, zum Advent oder zu Weihnachten kartonweise Schokolade geschickt. Er ist einfach ein sehr großzügiger Mensch. Als unser Restaurant 25 Jahre Jubiläum

feierte, hat er mir einen sehr emotionalen Brief geschrieben und angekündigt, dass er uns 10.000 Schachteln Trüffelpralinen mit unserem Logo schenken wolle. In der ersten Woche hat er mir 1000 Schachteln geschickt und in der zweiten Woche wieder 1000 Schachteln. Zwar haben wir an alle unsere Gäste diese Pralinen weiterverschenkt, aber nach zwei Wochen wussten wir nicht mehr, wo wir all die Trüffel lagern sollten.

Daraufhin habe ich ihn angerufen und ihn gebeten, uns keine Schokolade mehr zu schicken. Aber da er alle Pralinenschachteln mit dem Logo schon fertig gedruckt hatte, bringt er uns immer noch bei jedem Besuch hunderte von Schokotrüffeln mit – natürlich immer mit ganz frischer Schokolade. Für meinen siebzigsten Geburtstag hat er sich auch wieder etwas ganz Besonderes einfallen lassen: Er hat eine neue Spezialpraline entwickelt mit meinem Schnurrbart darauf! Und wieder hat er mir hunderte von Packungen davon mit einem sehr anrührenden Begleitbrief geschickt – ich weiß gar nicht, wie ich mich dafür bedanken soll.

Wir sind jetzt im Jahr 2020 angekommen und waren in dieses auch sehr gut gestartet mit viel

I ❤
LIEBE
LACHEN
LEBEN
L'EUROPEO

Die Welt war stehengeblieben und mit ihr auch meine kleine Welt.

Mit Mario beim Essenausgeben während der Corona-Pandemie.

Arbeit und Fröhlichkeit. Alle hatten sich schon gefreut auf das anstehende vierzigste Restaurantjubiläum im Mai. Aber leider ist dann ein unerwünschter Gast vorbeigekommen: Das Coronavirus. Das war so, als ob bei hellstem Sonnenschein jäh ein Blitz einschlägt. Ab dem 17. März mussten wir das Restaurant schließen – ohne zu wissen, wann wir wieder aufmachen konnten.

Die Welt war stehengeblieben und mit ihr auch meine kleine Welt. Aber das ist natürlich gar nichts gegenüber dem viel größeren Unglück, das so viele Menschen dadurch ereilt hat. Corona war vielleicht die erste Situation in meinem Leben, für die ich nicht die rechten Worte gefunden habe. Ich bin verstummt und wusste nicht, wie ich reagieren sollte. Teilweise bin ich ins leere Restaurant gegangen, habe mich an alle Tische gesetzt und mir im Geiste die Stammgäste am Nebentisch vorgestellt, die dort immer gesessen haben. Die habe ich innerlich umarmt und dabei kamen mir oft die Tränen.

Das Restaurant ohne Gäste war von einer unbeschreiblichen Traurigkeit. „Es wird alles gutgehen!" haben wir auf eine Tafel geschrieben und diese bei uns ins Fenster gehängt. Und auf unserem Anrufbeantworter war zu hören „Die

Mario, Giacomo (ein Mitarbeiter)
und Ferdinando in jungen Jahren.

Weine können nur besser werden!" Auch in diesem Buch möchte ich meinen Gästen zurufen: „Ich habe auf euch gewartet und ich hoffe, dass wir uns, wenn es erscheint, auch alle wieder umarmen können!" Einige Gäste haben uns in dieser schweren Zeit angerufen, haben versucht, uns aufzumuntern, oder uns finanzielle Hilfe angeboten. Bei all denen möchte ich mich ganz herzlich bedanken und bedanken möchte ich

mich auch bei allen Mitarbeitern, die in dieser Zeit die Kurzarbeit so geduldig ertragen haben.

Um den Kontakt zu den Gästen nicht zu verlieren, haben wir in der Coronazeit mit wechselndem Erfolg einen Außer-Haus-Verkauf gestartet. Für uns war es eine gute Beschäftigung, und wir haben uns gefreut, wenn wir die Gäste wenigstens am Fenster kurz gesehen haben, als sie sich ihre Speisen abholten.

Ich habe die Zeit genutzt, um einige sehr einfache Rezepte aufzuschreiben, mit denen ihr euch zukünftig ein kleines Stück vom L'Europeo nach Hause holen könnt. Ich hoffe, dass ich auch in Zukunft noch einige Anekdoten und Rezepte zu Papier bringen kann und ich bin überglücklich, dass ich euch wieder an euren Stammtischen begrüßen darf, und mit euch plaudern und ein Glas Wein trinken kann.

In vierzig Jahren haben wir viele Höhen und Tiefen erlebt: Wir mussten Ereignisse wie den Methanolskandal, Sars, Schweinepest und Vogelgrippe hinnehmen und haben alles wieder vergessen. Ich hoffe sehr, dass eines Tages auch Corona vergessen sein wird.

Am 12. Mai 2020 hat unser Bürgermeister verkündet, dass wir das Restaurant ab dem

Gruppenfoto: Ferdinando, Mario, Hani, Alessandro,
Strato, Diego und ich (v.l.n.r.). Hani war ein früherer
Mitarbeiter und Diego ist der Sohn meines Bruders Mario.

nächsten Tag, wenngleich mit vielen Restriktionen behaftet, wieder aufmachen dürfen. Da das ein Mittwoch, unser Ruhetag, war, hatten wir immerhin 24 Stunden Zeit, um alles für den Neustart zu besorgen. Am schwierigsten war es, Desinfektionsmittel zu bekommen. Und natürlich mussten wir die Anzahl unserer Tische reduzieren, um den Mindestabstand einhalten zu können.

Am Donnerstag, den 14. Mai 2020, konnten wir dann wieder aufmachen. Es war wie die Geburt eines Kindes mit Hindernissen. Ich war sehr aufgeregt, und um es möglichst vielen unserer Gäste zu ermöglichen, wieder zu uns zu kommen, haben wir einen Zweischichtbetrieb eingeführt: Von 17.30 bis 20 Uhr und von 20 Uhr bis zum Abwinken.

Die Gäste haben zu 95% großes Verständnis gezeigt und waren sehr froh, dass es wieder losging. Wir haben uns virtuell umarmt und mit einigen Gästen habe ich ein Gläschen getrunken und auf den neuen Start angestoßen. Ich hoffe, dass auch Corona nach einer gewissen Zeit zu einer vagen Erinnerung verblasst.

Das ganze Personal war pünktlich zur Arbeit erschienen und auch in ihren Gesichtern hat man eine gewisse Erleichterung gesehen. Schon in den ersten zwei bis drei Wochen nach der Wiedereröffnung sind fast alle Stammgäste vorbeigekommen und haben uns erzählt, wie sehr sie uns vermisst haben. Ich habe während der Coronazeit zu Hause gehockt, aber die Zeit genutzt, um mit großer Freude für unsere Gäste einige neue Rezepte zu entwickeln. Natürlich ist Corona noch präsent, aber es verblasst zunehmend. Ich kann nicht absehen, ob ich noch weitere 40 Jahre mitmache, das wäre eine Utopie – aber ich würde sehr gerne weiterhin dabei sein, um noch viele nette Geschichten mit meinen Gästen zu erleben.

Ich habe allen erzählt, dass unser neugeborenes Kind viel Liebe braucht und Aufmerksamkeit Tag für Tag – jetzt und für immer.

Folgende Doppelseite:
Unsere Feier mit den Mitarbeitern zum
40jährigen Jubiläum des L'Europeo.

Antonio Cotugno
Rezepte

Zu Tisch

Traditionell werden Brot und Oliven
auf den Tisch gestellt.
Gutes Brot, zum Beispiel Ciabatta,
sowie Oliven und Apfelkapern,
in Olivenöl und etwas Knoblauch eingelegt,
schmecken köstlich, stillen den ersten
Hunger und sind Grundlage für
den Aperitif oder das erste Glas Wein.

L'Europeo

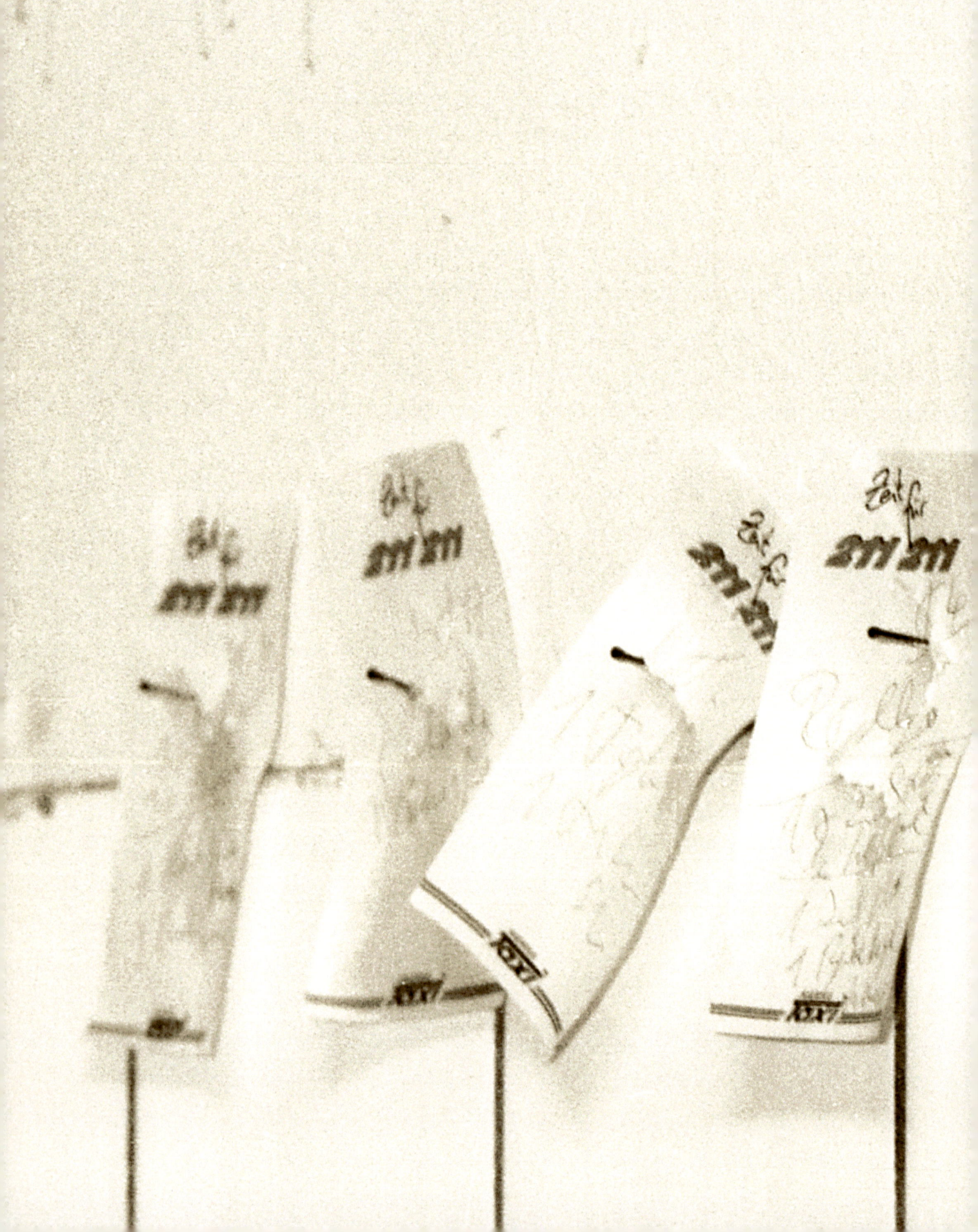

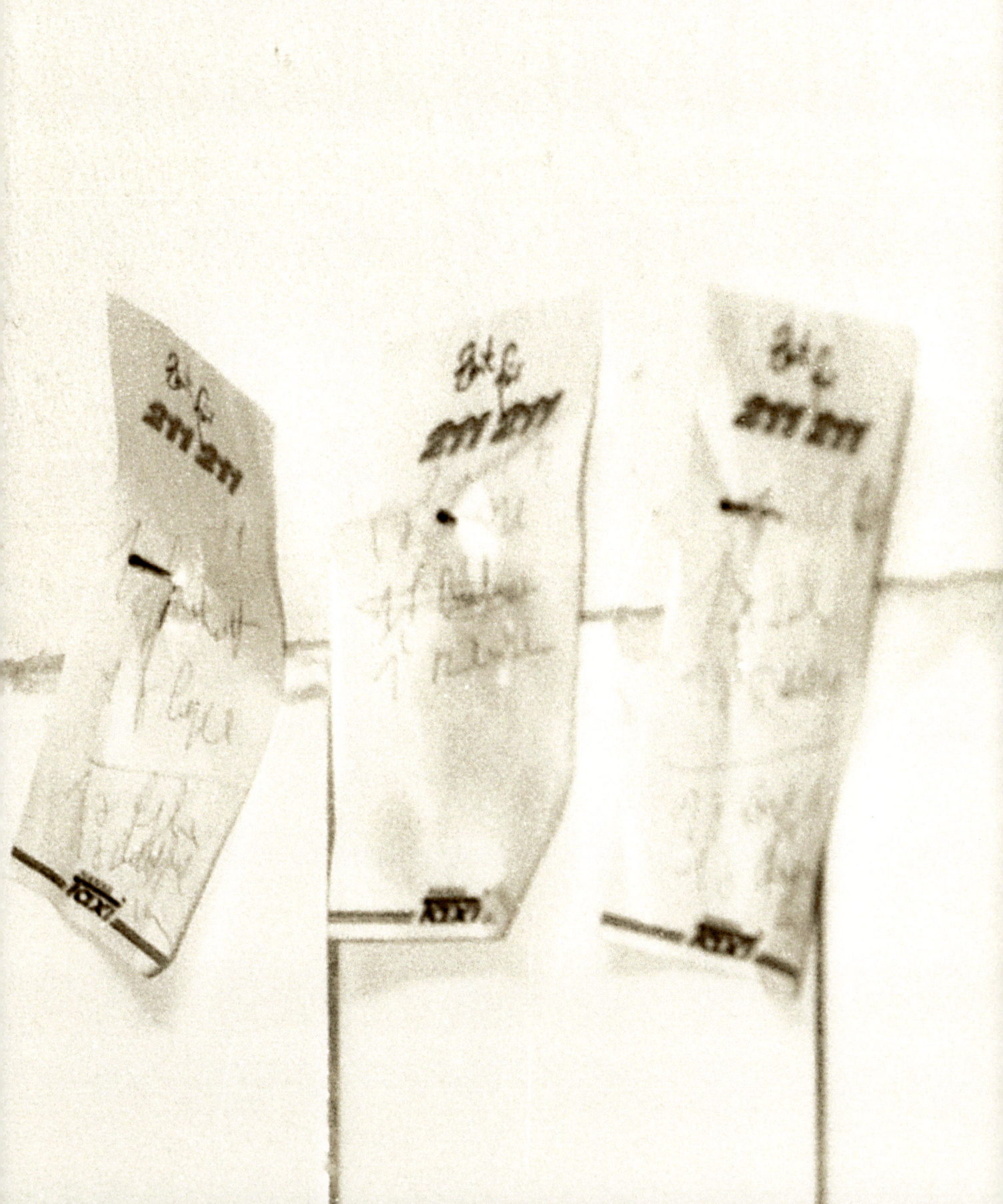

Antipasto e Pasta
Vorspeisen

Rezept von meiner Mutter
Parmigiana di melanzane
Auberginenauflauf
Für vier Personen

- Die Auberginen in circa 2, 5 bis 3 Millimeter dünne Scheiben schneiden.
- Geben Sie danach soviel Sonnenblumenöl in eine Pfanne, dass die Auberginen im heißen Öl schwimmen können und die Scheiben goldbraun werden. Abtropfen lassen.
- Parallel dazu die 5 Esslöffel Olivenöl in einer Pfanne auf mittlerer Stufe erhitzen und die Knoblauchzehen darin anbraten, die Tomaten sowie die 4 Blätter Basilikum dazugeben, salzen und pfeffern und circa 5 Minuten köcheln lassen. Die Tomatenfilets zerdrücken. Wenn die Soße zu dick ist, etwas Wasser zugeben.
- In einer Auflaufform etwas Tomatensauce auf den Boden streichen und danach abwechselnd in Schichten die Auberginen, den Mozzarella, den Parmesan, die 20 Basilikumblätter und die Tomatensoße dazugeben, bis die Zutaten aufgebraucht sind.
- Wichtig: Darauf achten, dass die letzte Schicht nur mit der Tomatensoße abgedeckt wird.
- Im Ofen bei 200 Grad 20 Minuten lang garen

---

2 oder 3 Auberginen mittlerer Größe
*möglichst aus Italien;
am besten aus Sizilien oder Campanien*

---

20 Basilikum-Blätter

---

200 Gramm Mozzarella
*möglichst Galbani, ist nicht so wässrig;
in dünne Scheiben schneiden
und abtropfen lassen*

Sonnenblumenöl zum Frittieren

---

150 Gramm geriebener Parmesan

TOMATENSOßE (etwa 400 Gramm)

---

2 Knoblauchzehen

1,5 Dose Filetti di Pomodoro
*le Gemme del Vesuvio
oder eine andere gute Qualität*

---

5 Esslöffel Olivenöl extra vergine

Salz und Pfeffer nach Bedarf

---

4 Blätter Basilikum

---

etwas Wasser

TIPP
Es schmeckt einen Tag danach
besser und ist kompakter.
Man kann es auch kalt essen
(bei Zimmertemperatur).
Auch kann man das Gericht bis zu
drei Tagen im Kühlschrank aufbewahren.

Carpaccio di capesante
Carpaccio von der Jakobsmuschel
Für vier Personen

8 große Jakobsmuscheln - frisch und unbedingt in der Schale
Gute Bezugsquelle: Hummer Pedersen, Hamburg

Gute Meersalzflocken
z. B. Fleur de Sel

Eine Zitrone
Idealerweise eine Amalfizitrone, gibt es saisonal z.B. bei Andronaco (in mehreren Großstädten vertreten)

Gutes Olivenöl

4 halbe Esslöffel Crème Fraîche

80 Gramm Forellenkaviar
Gute Bezugsquelle: AKI, Altonaer Kaviar-Import, Hamburg

- Säubern Sie die Jakobsmuscheln und verwenden Sie nur den weißen Kern.
- Schneiden Sie pro Person zwei Jakobsmuscheln mit einem scharfen Messer hauchdünn und drapieren sie ringförmig auf einem flachen großen Teller.
- Die Jakobsmuschelscheiben bestreuen Sie mit wenig Salz und beträufeln sie mit etwas Zitronensaft und Olivenöl.
- In der Mitte des Tellers platzieren Sie einen halben Esslöffel Crème Fraîche und geben 20 Gramm Forellenkaviar darauf.

ACHTUNG
Salz, Zitronensaft und Olivenöl äußerst sparsam verwenden, um den zarten Eigengeschmack der Jakobsmuschel nicht zu überdecken!

TIPP
Für einen kleinen Appetizer können Sie den übrig gebliebenen orangenen Rogen in der Pfanne mit etwas Knoblauch, Petersilie und Peperoncino anbraten.

360–400 Gramm Rinderfilet
Fassona oder eine andere,
sehr gute Qualität

80 Gramm gehobelter
Parmigiano Reggiano

1 Abate-Birne,
in dünne Streifen geschnitten

60 Gramm fein geschnittener
Staudensellerie

Salz, Pfeffer, Olivenöl

Carpaccio di fassona
Carpaccio vom Fassona-Rind mit Birne, Sellerie und Parmesan

Für vier Personen

- Mit einem scharfen Messer das Rinderfilet so dünn wie möglich schneiden und auf Teller legen (à 90–100 Gramm pro Person).
- Sellerie, Birne und Parmesan vermengen und in der Mitte der Teller anrichten.
- Etwas, Salz, Pfeffer und Olivenöl nur über das Fleisch über den Teller geben.

VARIANTE
Statt Sellerie, Birne und Parmesan geben Sie in die Mitte des Tellers einen Teelöffel Crème fraîche und pro Person 20 Gramm Ossetra-Kaviar von AKI (Altonaer Kaviar-Import)

Klassisches Carpaccio bereiten Sie nur mit Parmesan, Olivenöl, Zitrone, Salz und Pfeffer, optional können auch noch Rucolablätter und geröstete Pinienkerne hinzu gegeben werden.

400 Gramm deutscher weißer Spargel

160 Gramm gehobelter Parmesan

200 Gramm Culatello di Zibello –
der beste Schinken Italiens
Ersatzweise sehr guter Parmaschinken
oder San Daniele

Salz, Pfeffer, Weißweinessig, Olivenöl

Asparagi bianchi con culatello di Zibello
Weißer Spargelsalat mit Culatello di Zibello

Für vier Personen

- Spargel schälen, in dünne, schräge Teile schneiden und mit Salz, Pfeffer, Weinessig und dem Parmesan vermengen
- Auf dem oberen Teil des Tellers verteilen, im unteren Teil den Schinken anrichten
- Sie können den geschnittenen Spargel auch sanft in Olivenöl anbraten, zum Schluss etwas Butter hinzugeben, mit etwas geriebenem Parmesan vermengen, auf dem Teller anrichten und mit weiterem Parmesan bestreuen.

TIPP
Zum Bestreuen nehmen Sie bitte immer Herzstücke vom Parmesan, die nicht zu nah am Rand sind – das gilt für alle Gerichte. Die trockeneren Stücke in Randnähe kann man für Füllungen oder Aufläufe verwenden.

400 Gramm Burrata
so groß wie möglich, in guter Qualität
(meist erhältlich bei Italvime,
Hamburg)

20 Anchovisfilets in guter Qualität
am besten im L´Europeo schon geputzt
und in Olivenöl eingelegt erwerben

250 Gramm Sizilianische Datteltomaten
(bei Andronaco)

Salz, Pfeffer, Olivenöl

Burrata con acciughe e pomodorini
Burrata mit Anchovis und Tomaten

Für vier Personen

- Die Burrata mit einem Eßlöffel aushöhlen (circa 100 Gramm pro Person) und auf vier Teller verteilen.
- Jeweils zwei Anchovis auf die Burratastücke und eine Anchovis in die Tellermitte legen.
- Die Datteltomaten halbieren und um die Burratastücke drapieren.
- Mit etwas Salz, Pfeffer und Olivenöl die Tomaten würzen

80 Gramm Trüffel
von Armando, La Bottega im Mittelweg

160 Gramm Staudensellerie in
dünnen Streifen

160 Gramm gehobelter Parmesan

Trüffelöl
von Armando, La Bottega im Mittelweg

Insalata di tartufo
Trüffelsalat

Für vier Personen

- Die Selleriestreifen mit Parmesan und etwas Trüffelöl
  vermischen
- Auf die Teller verteilen und den Trüffel mit dem Trüffelhobel
  darüberhobeln

Sommertrüffel gibt es von Juni bis September
Weißen Trüffel gibt es von Oktober bis Dezember
Wintertrüffel – mein Favorit – gibt es von Januar bis März

36 Anchovisfilet in guter Qualität – am
besten im L'Europeo schon geputzt und
in Olivenöl eingelegt erwerben

16 Pellkartoffeln

4 Esslöffel Crème fraîche

Ein kleines Bund Schnittlauch

Olivenöl

Patate novelle con acciughe
Pellkartoffeln mit Anchovis
Für vier Personen

- Die Anchovis auf vier Teller verteilen und je vier warme
  Pellkartoffeln dazulegen
- Etwa einen Esslöffel Crème fraîche und etwas Schnittlauch
  am Tellerrand drapieren
- Die Anchovis mit etwas Olivenöl beträufeln.

Insalata di fagioli
Salat von Palbohnen

Für vier Personen

- Die Staudensellerie ohne Fäden fein schneiden
- Die Bohnen mit einer Stange Staudensellerie, der geschnittenen Karotte und dem Knoblauch circa 20-25 Minuten in Salzwasser kochen.
- Die Bohnen herausnehmen und zwei Esslöffel Kochwasser beiseite stellen.
- Die Tropeazwiebel oder Lauchzwiebeln sehr fein schneiden, mit den Palbohnen, der restlichen kleingeschnittenen rohen Staudensellerie, dem Saft der Amalfizitrone, den zwei Löffeln Kochwasser, gehackter Petersilie, Salz, Pfeffer und Olivenöl vermischen.

500 Gramm Palbohnen, die es im August und September auf den Märkten gibt. Für den Rest des Jahres können Sie diese roh einfrieren.

2 Stangen Staudensellerie

2 Knoblauchzehen

1 Karotte

1 frische Lauchzwiebel
möglichst aus Tropea oder eine Tropeazwiebel

1 Amalfizitrone
(zum Beispiel von Andronaco)

Salz, Pfeffer, Blattpetersilie, Olivenöl

TIPP
Mein allerliebster „Spuntino"
(kleiner Snack) ist ein Bruschetta mit Palbohnen, Sellerie, Olivenöl, Salz und Pfeffer.

Insalata di lenticchie
Linsensalat

Für vier Personen

250-300 Gramm kleine grüne Linsen
(zum Beispiel von Andronaco)

80 Gramm Staudensellerie
fein geschnitten ohne Fäden

1 Tropeazwiebel oder 2-3 Lauchzwiebeln

2 Esslöffel fein gehackte Blattpetersilie

8 Zentiliter Rotweinessig

Reichlich Olivenöl, Salz und Pfeffer

- Die Linsen circa 20 Minuten in Salzwasser al dente kochen. Gut abtropfen lassen.
- Die fein gehackte Tropeazwiebel oder Lauchzwiebeln und den fein gehackten Sellerie mit Petersilie, Essig und Olivenöl vermischen.

Noch leckerer wird es, wenn Sie die original Castelduccio-Linsen aus Umbrien auftreiben.

Sehr gut passt es auch, wenn Sie etwas gehobelten Ricotta salata (gesalzenen Ricotta) über den Salat geben.

Und eine besonders frische Variante erhalten Sie, wenn Sie drei Teile Linsen mit einem Teil Granatapfelkerne mischen.

4 Salsiccia
*(idealerweise von Fratelli Picchianti) –
italienische Bratwürste*

1 männliche Fenchelknolle
*(männlicher Fenchel ist rund und schmeckt
besser als der schmale, längliche weibliche)*

Pfeffer, Salz, Olivenöl, Weißweinessig

Polpette di salsiccia con insalata di finocchio
Frikadelle aus Salsiccia mit Fenchelsalat

Für vier Personen

- Nehmen Sie das Fleisch aus dem Darm und formen Sie aus jeder Salsiccia zwei flache kleine Frikadellen.
- Geben Sie Ihre Salsicciafrikadellen in eine beschichtete Pfanne und braten sie von beiden Seiten ohne Fett so lange an, bis sie außen krosch und innen durchgegart sind.

DAZU PASST PERFEKT EIN FENCHELSALAT:

- Sie schneiden die grünen Blätter ab.
- Die Fencheknolle in Streifen schneiden und mit einem Dressing aus Weißweinessig, Olivenöl, Salz und Pfeffer marinieren – die grünen Blätter streuen Sie dann anschließend kleingeschnitten drüber.

Cira 500 Gramm Pulpotentakeln
vorgekocht
gefroren bei Hummer Pedersen

300 Gramm frisch gekochte Pellkartoffeln

100 Gramm Staudensellerie
feingeschnitten ohne Fäden

Etwas gehackte Blattpetersilie, Salz,
Pfeffer und zwei Amalfizitronen
bei Andronaco

8 Esslöffel Olivenöl

Insalata di patate con polipo
Kartoffelsalat mit Pulpo

Für vier Personen

- Den aufgetauten Pulpo und die Pellkartoffeln in kleinere
  Stücke schneiden, mit dem Sellerie, Olivenöl, der
  Blattpetersilie und dem Saft der zwei Zitronen vermengen,
  mit Salz und Pfeffer abschmecken.

VARIANTE:

Sie können auch einen frischen Pulpo nehmen:
Dann brauchen Sie einen Pulpo von 1,5 bis 1,7 Kilogramm,
denn er verliert beim Kochen ca. 65 % seines Gewichts.

Den Pulpo in diesem Fall 35-40 Minuten in Wasser
weichkochen und darin erkalten lassen.

Statt der Kartoffeln können Sie auch frische Palbohnen
nehmen, die es im August und September auf den
Märkten gibt. Für den Rest des Jahres können Sie diese
roh einfrieren.

Polipo alla griglia
Gegrillter Pulpo
Für vier Personen

500 Gramm aufgetaute Tentakeln eines Pulpo
Hummer Pedersen

Einige Tropfen Olivenöl zum Besprenkeln

- Die Tentakeln der Länge nach aufschneiden, mit einigen Tropfen Olivenöl bepinseln und in zwei beschichteten Pfannen (bei vier Personen) von beiden Seiten circa 2 Minuten anbraten.
- Auf einem Teller anrichten, pro Person circa drei halbierte Tentakeln mit etwas Olivenöl beträufeln, dazu passt wunderbar Linsensalat mit Granatäpfeln (s. S. 100, Tipp mit Granatapfel)

Carciofi in umido
Gedünstete Artischocken

Für vier Personen

BRETONISCHE ARTISCHOCKEN:

- Sie putzen die Artischocken und entfernen alles bis auf den Boden.
- Nun entfernen Sie auch noch die Haare und schneiden jeden Boden in sechs Stücke.
- Die Salzkapern wässern.
- Geben Sie die Artischockenstücke mit Olivenöl, einem Schuss Weißwein, den zwei Anchovis, der gehackten Petersilie, den Knoblauchzehen und den Kapern in einen Topf und lassen sie ca. 6 bis 8 Minuten mit geschlossenem Deckel schmoren. Wenn es zu flüssig ist, ohne Deckel einkochen lassen. Anschließend schmecken Sie mit Salz und Pfeffer ab.

LIGURISCHE ARTISCHOCKEN:

- Sie säubern die Artischocken und entfernen alles bis auf das Herz. Dieses schneiden Sie in vier Teile und entfernen den Bart.
- Nun verfahren Sie beim Schmoren genauso wie bei den bretonischen Artischocken, nur dass die Schmorzeit hier nur 5 Minuten beträgt.

VARIATION VON LIGURISCHEN ARTISCHOCKEN ALS SALAT:

- Schneiden Sie die geputzten und entbarteten rohen ligurischen Artischocken in ganz dünne, feine Streifen und vermengen sie mit gehobeltem Parmesan, Zitronensaft und gutem Olivenöl.
- Vorsichtig mit Pfeffer und Salz abschmecken – köstlich!

---

4 große bretonische Artischocken
verfügbar von Ende Mai bis Ende November

oder
8 kleine ligurische Artischocken mit Stacheln
verfügbar von Oktober bis Ende April

2 Anchovisfilets

2 Knoblauchzehen

40 Salzkapern
idealerweise aus Pantelleria oder eine andere gute Qualität

12 schwarze Oliven
möglichst Leccine

Meersalz

Einen Schuss Weißwein

Schwarzer Pfeffer aus der Mühle

Gutes Olivenöl

etwas Blattpetersilie

Insalata di astice con bottarga
Hummersalat mit Bottarga

Für vier Personen

2 Hummer à 500 oder 600 Gramm
40 Gramm Bottarga – getrockneter Fischrogen
Achtung:
Bitte Fischrogen von der Meeräsche verwenden, n i c h t vom Thunfisch

2 reife Avocados

1 Zitrone

8 Stangen Grüner Spargel

12 sizilianische Datteltomaten

24 Blätter Feldsalat

Olivenöl

Fleur de Sel, Pfeffer aus der Mühle

- Das Wasser in einem großen Topf aufkochen.
- Die Hummer 12 Minuten bei schwacher Hitze – es muss nur leicht blubbern - ziehen lassenoder gekocht vorbestellen (z.B. bei Hummer Pedersen, Hamburg) – dann aber bitte vorgekocht ohne Kümmel.
- Beim Spargel nur das untere Drittel schälen und 3 bis 4 Minuten al dente kochen – Stangen in jeweils 4 bis 5 Stücke schneiden.
- Zitrone auspressen.
- Avocados schälen, das Fleisch würfeln und mit etwas Zitronensaft bepinseln.
- Hummerfleisch aus der Schale und den Scheren pulen und in mittelgroße Stücke schneiden.
- Die Datteltomaten waschen und halbieren.
- Auf jedem Teller 6 Blätter Feldsalat anrichten, darauf den Spargel und die 6 halbierten Tomaten sowie die Avocadowürfel verteilen, alles mit Öl, Salz, Pfeffer und einem Spritzer Zitrone abschmecken.
- Darauf die Hummerstücke verteilen und zum Schluss die Bottarga darüberraspeln – fertig!

Insalata di astice alla catalana
Hummersalat Catalana

Für vier Personen

2 Hummer à 700 bis 800 Gramm

40 sizilianische Datteltomaten

1 rote Paprikaschote

1 Salatgurke

Ca. 160 Gramm fein geschnittener Staudensellerie ohne Fäden

Ein Bund Basilikum

Weißweinessig

Olivenöl

Fleur de Sel

Pfeffer aus der Mühle

- Die Hummer kochen (s. S. 111) und halbieren oder ohne Kümmel vorgekocht bei Hummer Pedersen, Hamburg, bestellen.
- Jeden halben Hummer in sechs Stücke schneiden, so dass man leicht mit einer Hummergabel das Fleisch entnehmen kann.
- Paprika schälen und würfeln.
- Die Gurke schälen, halbieren und mit dem Teelöffel die Samen aus der Mitte rauskratzen.
- Anschließend in ca. 5 Millimeter dicke Scheiben schneiden.
- Paprika und Gurke mit dem Sellerie, 20 halbierten Datteltomaten und einem halben Bund gezupfter Basilikumblätter in eine Schüssel geben, mit Salz und Pfeffer bestreuen und alles vermischen. Die Hummerstücke so drauflegen, dass das Fleisch nach oben liegt.
- Die 20 verbliebenen Datteltomaten halbieren und mit der Hand zerdrücken, das Fruchtfleisch und den Saft ohne Schale mit dem restlichen Basilikum, Essig und Olivenöl gut vermischen und über den Salat gießen – fertig!

Peperoni ripieni
Gefüllte Paprika (Piquillo)
Für vier Personen

- Die Zucchini halbieren, das weiche Innere entfernen und anschließend fein würfeln.
- Die Aubergine schälen und in kleine Würfel schneiden.
- Zucchini und Auberginen mit den zwei ganzen Knoblauchzehen in Olivenöl anbraten.
- Zwei Paprikaschoten kleinschneiden und dazugeben.
- Die klein geschnittenen Oliven mit den Rosinen, den Pinienkernen, der Petersilie und 20 Gramm Paniermehl gut vermengen und zum Gemüse geben. Danach die Knoblauchzehen entfernen.
- Die Füllung in die Paprika geben, diese mit dem Rest Paniermehl bestreuen und etwas Olivenöl beträufeln und ca. 12 Minuten im Backofen beim 180° Ober- und Unterhitze backen.
- Pro Person je drei Paprikaschoten auf dem Teller anrichten.

14 kleine Paprikaschoten „Piquillo" geröstet und geschält
gibt es in Dosen in hervorragender Qualität bei La Torre, Hamburg. Die Qualität ist besser als bei aufwändig zu bereitender frischer Paprika.

10 schwarze Oliven ohne Kern

60 Kapern

30 Rosinen

3 Zucchini

1+ ½ Auberginen

2 Esslöffel gehackte Blattpetersilie

30 Gramm Paniermehl

40 Pinienkerne

2 Knoblauchzehen

Salz, Pfeffer

Gamberoni all' aglio
Gambas mit Knoblauch
Für vier Personen

Circa 16 Gambas
Salzwassergambas, Blockware
tiefgefroren, circa 8-12 Stück
pro Kilogramm
z. B. von Italvime, Hamburg

1,5 rote Paprikaschoten in kleine Streifen
geschnitten, am besten geschält

4 Knoblauchzehen in feine Scheiben
geschnitten

1 Esslöffel gehackte Blattpetersilie

2 scharfe getrocknete Peperoncini,
fein gehackt

Salz, Pfeffer, Olivenöl

- Die aufgetauten Gambas schälen und putzen, also den Darm entfernen.
- In reichlich Olivenöl mit der Paprika (möglichst geschält) ca. 4 Minuten anbraten.
- Kurz vor Schluss Knoblauch und Peperoncini dazugeben.
- Auf vier Teller anrichten und mit Petersilie bestreuen.

400 Gramm dünn geschnittene
Kalbsleberstreifen

8 frische Feigen aus Italien
gibt es von August bis Ende Oktober
oder zwei Äpfel in kleine Scheiben
geschnitten

Salz, Pfeffer, Olivenöl

Fegato con fichi o con mele
Kalbsleber mit Feigen oder Äpfeln

Für vier Personen

- Die Feigen mit Haut sechsteln oder achteln,
  mit den Kalbsleberstreifen in Olivenöl anbraten,
  salzen, pfeffern und auf vier Tellern verteilen.
- Bei der Apfelvariante erst die Apfelscheiben anbraten,
  dann die Kalbsleber dazugeben, salzen, pfeffern auf
  den Tellern verteilen.

TIPP
Frische italienische Feigen sind auch
in Verbindung mit dem Premium-
Schinken Culatello di Zibello oder San
Daniele eine echte Delikatesse!

800 Gramm Iglo – Tiefkühlerbsen

3 Schalotten

0,3 Liter Wasser oder
ungesalzene Hühnerbrühe

20 kleine Croutons

8 Salzwasser-Gambas
gefrorene Blockware (bei Italvime)

Fleur de Sel, Pfeffer aus der Mühle,
Olivenöl

Zuppa di piselli con gamberoni
Erbsensuppe mit gebratenen Gambas

Für vier Personen

- Die Erbsen ca. 15 Minuten in einem Topf mit Deckel mit zwei fein gehackten Schalotten, Salz und zwei Esslöffeln Olivenöl in Wasser oder Brühe kochen und anschließend pürieren.
- Die Gambas enthäuten, entdarmen und in kleine Stücke schneiden.
- Die Gambas mit einer gehackten Schalotte ganz kurz anbraten. Die Croutons – aus Weißbrot in kleine Würfel geschnitten – kurz anbraten und mit den Gambas über der Suppe verteilen.
- Die Suppe kann auch lauwarm oder an heißen Tagen kalt serviert werden.

TIPP
Für eine vegetarische Variante können Sie die Gambas auch durch fein gebröselten Ziegenkäse ersetzen.

Spaghetti con pomodori del Vesuvio
Spaghetti mit Tomaten

Für vier Personen

400 Gramm Spaghetti Quadrati La Molisana (bei Andronaco)

2 Knoblauchzehen

Viel gutes Olivenöl

Viel Basilikum

1 Peperoncino

1,5 Dosen à 400 ml. Filetti di Pomodoro „Le Gemme di Vesuvio"
gibt's im Café La Favorita von Toni Ardente im Eppendorfer Weg, Hamburg, oder andere gute Tomaten aus der Dose

Fleur de Sel

- Die Spaghetti in 4 Liter gesalzenem Wasser kochen, abgießen und etwa 1/4 Liter vom Kochwasser aufbewahren.
- Währenddessen in einer großen Pfanne den Knoblauch in reichlich Olivenöl vorsichtig bei schwacher Hitze anbraten.
- Danach nur die Filets aus den 1,5 Dosen Tomaten und die fein gehackte Peperoncinoschote dazugeben. Den übrig gebliebenen Tomatensaft und die restliche halbe Dose können Sie für andere Zwecke verwenden, beispielsweise eine feine Tomatensuppe.
- Die Tomatenfilets ca. 3 Minuten in der Pfanne mitköcheln, mit etwas Nudelkochwasser verdünnen, zum Schluss das Basilikum dazugeben.
- Die abgetropften Nudeln mit in die Pfanne geben, das Kochwasser, wenn notwendig, dazugeben und alles zusammen ganz kurz bei mittlerer Hitze durchschwenken und vermengen – fertig!

Variante mit Spaghetti Aglio e Olio

- Die gleichen Mengen ohne Tomaten verwenden und Petersilie statt Basilikum nehmen.
- In einer großen Pfanne den Knoblauch goldbraun anbraten
- Die Spaghetti al dente kochen und dazu geben.
- Mit Petersilie und Peperoncino sowie 2 Kellen Kochwasser in der Pfanne schwenken und heiß servieren.

Gnocchi con zafferano, burro e parmigiano

Gnocchi aus Ricotta, Mehl und Safran, Butter und Parmesan

Für vier Personen

250 Gramm Ricotta

150 Gramm Mehl

1 Gramm Safran

1 Eigelb

Eine Prise Fleur de Sel

6 Esslöffel frisch geriebener Parmesan

60 Gramm Butter

4 Esslöffel Kochwasser

- Ricotta abtropfen lassen und durchs Sieb passieren. Mit dem Mehl, dem Eigelb, dem Safran, etwas Salz und 2 Esslöffel Parmesan ordentlich durchkneten. Den Teig in Stäbchen von der Dicke eines dicken Kugelschreibers formen und in ca. 1,5 Zentimeter lange Stücke schneiden.
- Die Stücke in kochendes Salzwasser geben.
- Wenn die Gnocchi im kochenden Wasser nach oben kommen, sind sie gar.
- Die Butter in einer Pfanne schmelzen, mit Kochwasser und 2 Esslöffel Parmesan aufgießen und die Gnocchi darin schwenken.
- Auf die Teller verteilen und mit dem restlichen Parmesan bestreuen.

Gnocchi sorrentina con pomodoro, mozzarella e basilico
Gnocchi Sorrentiner Art mit Tomaten, Mozzarella und Basilikum

Für vier Personen

- Ricotta abtropfen lassen und durchs Sieb passieren.
- Mit dem Mehl, dem Eigelb, etwas Salz und zwei Esslöffeln Parmesan ordentlich durchkneten.
- Den Teig in Stäbchen von der Dicke eines dicken Kugelschreibers formen und in ca. 1,5 Zentimeter lange Stücke schneiden.
- Die Stücke in kochendes Salzwasser geben, bis sie an die Oberfläche kommen.
- Die Gnocchi in die Tomatensauce geben.

FÜR DIE TOMATENSAUCE:

- Das Olivenöl mit den Knoblauchzehen anbraten. Die Tomatenfilets mit etwas Saft drei Minuten köcheln lassen. Zum Schluss die Blätter Basilikum hinzufügen. Zur Not mit etwas Wasser verdünnen.
- Die in kleine Stücke geschnittene Mozzarella – gut verteilen, nicht an die gleiche Stelle geben – und den geriebenen Parmesan dazugeben. Achten Sie darauf, dass der Mozzarella nicht verklumpt.
- Eine Minute die Gnocchi darin schwenken und auf dem Teller verteilen, mit dem restlichen Parmesan bestreuen und einem Basilikumblatt dekorieren.

250 Gramm Ricotta

150 Gramm Mehl

1 Eigelb

Eine Prise Fleur de Sel

4 Esslöffel frischgeriebener Parmesan

Für die Tomatensoße
6 Eßlöffel Olivenöl
2 Knoblauchzehen
1 Dose Filetti di Pomodori "Le Gemme di Vesuvio"
6 Blätter Basilikum

125 Gramm Mozzarella

Piatto Principale
Hauptgerichte

Polipo alla luciana
Pulpo auf Santa Lucia-Art
Für vier Personen

4 Pulpo à circa 500 Gramm
gibt es gefroren bei Andronaco,
etwa 2 Kilogramm Blocks

16 Tomatenfilets ohne Saft
die Dose Fileti di Pomodoro
„Le Gemme di Vesuvio", gibt es im
Café La Favorita von Toni Ardente im
Eppendorfer Weg in Hamburg

12 entkernte Leccine-Oliven
fein geschnitten

40 Kapern

3 gehackte Knoblauchzehen

2 Esslöffel gehackte Blattpetersilie

1 fein geschnittene Peperoncinoschote
optional

Pfeffer, Olivenöl

Bitte kein Salz!

- Die Pulpo auftauen und sorgfältig putzen.
- In kochendem Wasser 8-10 Minuten kochen, herausnehmen und in einen anderen Topf geben.
- Mit allen weiteren angegebenen Zutaten die Pulpo im abgedeckten Topf cica 25-30 weitere Minuten sanft schmoren lassen, anschließend servieren.

Coda di rospo livornese
Seeteufel Livornese

Für vier Personen

8 Nordsee-Seeteufelmedaillons
à 80 Gramm

Eine Dose Filetti di Pomodoro
„Le Gemme di Vesuvio"
gibt's im Café La Favorita von Toni
Ardente im Eppendorfer Weg in Hamburg

2 Knoblauchzehen

Circa 60 Kapern

16 Leccine-Oliven ohne Kern

2 Schuss Rotwein

1 scharfes Peperoncino

2 Esslöffel gehackte Blattpetersilie

Salz, Pfeffer, Olivenöl

- Die Seeteufel von beiden Seiten je zwei Minuten mit dem Knoblauch anbraten.
- Mit Rotwein ablöschen, die Filetti di Pomodoro zerdrücken und mit etwas von ihrem Saft hinzufügen.
- Den gehackten Peperoncino, die Kapern und die Oliven noch etwa 2–3 Minuten mitköcheln lassen (wenn die Sauce zu dick wird mit etwas Wasser verdünnen), mit Petersilie bestreuen, etwas gutes Olivenöl rüberträufeln lassen und sofort servieren.

4 Filets à 200 Gramm vom großen
Islandkabeljau

100 Kapern

4 Anchovisfilets

60 Gramm Butter

Olivenöl, Salz, Pfeffer, etwas Mehl

Merluzzo capperi e acciughe
Kabeljau mit Kapern und Anchovis
Für vier Personen

- Die Fischfilets salzen und leicht in Mehl wälzen.
- In Olivenöl anbraten, sodass sich eine leicht bräunliche
  Kruste bildet.
- Zwei Drittel des Öls abgießen und die Anchovis in die
  Pfanne zu dem Fisch geben.
- Sobald die Anchovis geschmolzen sind, die Butter und die
  Kapern hinzugeben, mit Pfeffer abschmecken und servieren.
- Dazu passt Puntarelle-Salat – das ist eine Art Löwenzahn,
  cicoria di cimata, den es nur von September bis April gibt.
- In der Mitte der Salatblätter befinden sich Spitzen, die
  wie Spargel aussehen. Die Spitzen nehmen, in dünne Streifen
  schneiden und 15 Minuten oder länger in eiskaltes Wasser
  legen. Anschließend abtropfen und anmachen.
- Aus Weißweinessig, Olivenöl, Salz, Pfeffer und einem
  Anchovisfilet eine Vinaigrette mit dem Zauberstab pürieren,
  über den Salat geben.

TIPP
Wenn sich zwei oder drei Familien
zusammentun, können Sie einen
großen Kabeljau bei dem Fischhändler
Ihres Vertrauens bestellen und ihn
sich filetieren lassen.

Rombo Cipriani
Steinbutt à la Cipriani

Für vier Personen

Ein Nordsee-Steinbutt von
ca. 2 Kilogramm

2 Schalotten

Circa 60 Kapern

10 kleine Cornichons
(Mini-Gewürzgurken)

8 Datteltomaten

Olivenöl, Blattpetersilie, Salz und
Pfeffer

- Lassen Sie sich den Nordsee-Steinbutt, z.B. bei Hummer Pedersen, filetieren.
- Im Mai und Juni benötigen Sie einen 2,5 Kilogramm Steinbutt, da die Tiere dann voller Rogen sind.
- Die Filets anbraten, die Kapern, die gehackten Schalotten und die in kleine Stücke geschnittenen Cornichons dazugeben.
- Zum Schluss die fein gewürfelten Datteltomaten ohne Kerne hinzugeben und noch einen Moment mitschmoren.
- Salzen, pfeffern und auf vier Teller verteilen.

Das Rezept stammt von Harry's Bar in Venedig und funktioniert auch mit Petersfischfilets oder Gambas ohne Schale.

Costolette di iberico con peperoni gratinati
Kotelett vom Iberico-Schwein mit gratiniertem Paprika

Für vier Personen

4 Koteletts vom Iberico-Schwein
à 160 bis 170 Gramm

8 gehäutete Piquillo-Paprikafilets
aus der Dose
bei La Torre

30 Gramm Paniermehl

50 Salzkapern

12 entkernte Leccine-Oliven
bei Italvime

1 Knoblauchzehe

10 Gramm gehackte Blattpetersilie

Fleur de Sel, Pfeffer aus der Mühle,
Olivenöl

- Die Oliven fein hacken.
- Die Koteletts etwas plattdrücken und von beiden Seiten kurz in Olivenöl anbraten. Bei 80 Grad im Ofen warmstellen.
- Paprikafilets in etwa 1 Zentimeter dicke Streifen schneiden, den Knoblauch in Olivenöl anbraten. Die Paprika, die gewaschenen Salzkapern, die gehackten Oliven, die Petersilie und 30 Gramm Paniermehl dazugeben und in der Pfanne schwenken.
- Die Koteletts auf ein Blech legen, die Mischung aus der Pfanne darüber verteilen und mit dem Rest Paniermehl bestreuen. Anschließend im Backofen 10 Minuten bei 180° Ober- und Unterhitze gratinieren – fertig!

Costolette di agnello con formaggio di capra e zucchini
Lammkoteletts mit Ziegenkäse und Trompetenzucchinisalat

Für vier Personen

- Die Lammkoteletts von beiden Seiten mit den Knoblauchzehen und 4 Thymianzweigen je 2 Minuten anbraten.
- Währenddessen in einer Form im Backofen die Ziegenkäse bei 150 Grad Ober- und Unterhitze mit dem restlichen Thymian backen.
- Die Zucchini in streichholzdünne Stäbchen schneiden, mit Minze, Zitrone, Pfeffer, Salz und Olivenöl anmachen.
- Auf dem Teller links oben den Ziegenkäse, rechts oben den Zucchinisalat und in der Mitte die Lammkoteletts mit etwas Bratensaft anrichten – fertig!

---

8 Lammkoteletts, möglichst aus Irland, à 80 Gramm

---

300 Gramm Trompetenzucchini
spezielle Zucchini aus Ligurien, bei Andronaco Trompetenzucchini gibt es das ganze Jahr, aber von Oktober bis Mai sind sie recht teuer

---

2 Blatt Minze

---

8 Thymianzweige

---

2 halbierte Knoblauchzehen

---

4 Picandou Ziegenfrischkäse à 40 Gramm

Olivenöl

Saft einer halben Zitrone

Fleur de Sel

Pfeffer aus der Mühle

Costoletta di vitello alla valdostana
Kalbskotelett Valdostana
Für vier Personen

4 Kalbskoteletts mit Knochen
à circa 220 Gramm pro Person

100 Gramm Fontina-Käse in
4 Scheiben schneiden

80 Gramm gekochten Schinken sehr
guter Qualität, in 20 Gramm aufteilen

2 Eier

200 Gramm Paniermehl

Salz, Olivenöl

- Die Koteletts parieren, also von allen unerwünschten Teilen
  (Sehnen, Haut, Fett) befreien.
- Mit dem Messer eine kleine Öffnung in das Fleisch schneiden,
  danach in die Tiefe des Koteletts gehen und vorsichtig
  mit dem Messer eine Tasche bilden, ohne das Fleisch kaputt
  zu machen.
- In jedem Stück Fleisch den Fontinakäse und den Schinken
  verteilen.
- Vorne die Tasche mit einem Zahnstocher verschließen,
  aber so, dass man ihn sieht und später herausnehmen kann.
- Die Eier mit etwas Salz aufschlagen.
- Die Kotetetts erst in Ei, dann im Paniermehl wälzen,
  ohne den Knochen zu panieren.
- Das Fleisch pro Seite circa 3 Minuten goldbraun von
  beiden Seiten braten und servieren.
- EINE KLEINE LUXUSVARIANTE: Wenn es gerade Wintertrüffel
  gibt, kann man sieben oder acht dünne Scheiben Trüffel
  in jedes Fleischstück zu den anderen Zutaten hineingeben.

Straccetti con rosmarino e aglio
Rindergeschnetzeltes
mit Rosmarin und Knoblauch

Für vier Personen

- Am besten nehmen Sie zwei Pfannen zum Braten.
  Die Pfannen gut erhitzen und etwas Olivenöl hineingeben.
- Je die Hälfte des Fleisches und des Knoblauchs in beiden
  Pfannen verteilen, kurz anbraten.
- Petersilie und Rosmarin hinzugeben, kurz ziehen lassen.
- Am Ende noch etwas Olivenöl hinzugeben, auf vier Tellern
  verteilen und mit Peperoncino und Fleur de Sel bestreuen.

---

600 Gramm hauchdünn geschnittene
Streifen von der Hochrippe
oder Entrecôte oder Rumpsteak,
möglichst schön marmoriert

---

5 Knoblauchzehen
in dünne Scheiben geschnitten

---

2 Peperoncini
in feine Streifen geschnitten

---

2 kleine Zweige Rosmarin

Blattpetersilie

Olivenöl, Fleur de Sel

Bocconcini
Kleine Kalbsrouladen
Für vier Personen

4 Kalbsfilets à 180 Gramm

12 Scheiben hauchdünn
geschnittener Lardo
italienischer fetter Speck

20 Gramm Pecorino toscano (gerieben)

Gehackte Blattpetersilie

3 Knoblauchzehen, in Scheiben
geschnitten

Kräuter nach Belieben (z.B. Salbei.
Thymian, Rosmarin, Estragon)

Salz, Pfeffer

Olivenöl zum Braten

- Die Kalbsfilets in Klarsichtfolie legen und mit einem Fleischklopfer von beiden Seiten auf etwa drei Millimeter Dünne platt klopfen.
- Auf jedes dünne Stück Fleisch 3 Scheiben Lardo, etwas Petersilie darauf streuen und 5 Gramm Pecorino verteilen.
- Vorsichtig von beiden Seiten zu zwei Rouladen aufrollen und danach in der Mitte auseinander schneiden.
- Die Rollen in circa 3 Zentimeter große Stücke schneiden, je 2 abgeschnittene Teile auf einen Zahnstocher aufpieksen, ohne dass sie sich berühren.
- In Olivenöl anbraten, etwa 2 bis 3 Minuten von jeder Seite
- Zum Schluss den Knoblauch und die Kräuter in die Pfanne geben und einmal kurz durchrütteln.
- Die Zahnstocher entfernen und gleich servieren.

Auf jedes dünne Stück Fleisch 3 Scheiben Lardo, etwas Petersilie darauf streuen und 5 Gramm Pecorino verteilen.

Vorsichtig von beiden Seiten zu zwei Rouladen aufrollen...

... und danach in der Mitte auseinander schneiden.

Die Rollen in circa 2 Zentimeter große Stücke schneiden, je 2 abgeschnittene Teile auf einen Zahnstocher aufpieksen, ohne dass sie sich berühren.

12 Kalbsfiletmedaillons
à 50 Gramm (3x) pro Person

12 Salbeiblätter

24 dünne Scheiben Speck
Pancetta (nicht geräuchert)

Salz, Pfeffer, Olivenöl

30 Gramm Butter

Uccelleti scappati
Kalbsfiletmedaillons im Speckmantel „Weggeflogene Vögel"

Für vier Personen

- Jedes Medaillon mit einem Salbeiblatt belegen und mit zwei Scheiben Speck umwickeln
- Die Medaillons in Olivenöl anbraten, mit Salz und Pfeffer würzen, zum Schluss etwas Butter in die Pfanne geben. Heiß servieren.

DAZU PASSEN ERBSEN:

250 Gramm aufgetaute Tiefkühlerbsen von Iglo mit zwei feingehackten Schalotten, etwas Olivenöl und Butter, Salz und Pfeffer in einem Topf circa 12-15 Minuten schmoren.

TIPP
Wir verwenden ansonsten nur frisches Gemüse. Tiefkühlerbsen sind die einzige Ausnahme, weil ich sie besser als die oft etwas zu mehligen frischen Erbsen finde.

Straccetti con fagioli borlotti
Rindergeschnetzeltes mit Borlottibohnen

Für vier Personen

- Bohnen circa 25 Minuten mit der Selleriestange in Salzwasser kochen und 1 Kelle vom Kochwasser abzweigen und aufheben.
- Die Rinderstreifen medium rare in Olivenöl anbraten, warmstellen.
- Die feingeschnittenen Lauchzwiebeln mit dem Knoblauch anbraten und mit dem Weißwein ablöschen.
- Nun die Borlottibohnen mit dem Wasser, die Tomatenfilets, fein gehackte Peperoncini und Petersilie dazugeben und köcheln lassen, bis sich eine Creme bildet. Die Straccetti (Rinderstreifen) mit ihrem Bratensaft kurz dazugeben und servieren – fertig!

---

600 Gramm Rinderstreifen
von einer marmorierten Hochrippe,
marmoriertes Entrecôte oder
Rumpsteak

---

300 Gramm frische Borlottibohnen
(u.a. bei Andronaco)
*(Zur Not gibt es die Borlottibohnen
auch in der Dose)*

---

1 Bund glatte Petersilie

---

2 Lauchzwiebeln mit Grün,
fein geschnitten

---

1 Staudenselleriestange

---

2 Knoblauchzehen, fein geschnitten

---

2 Peperoncini entkernt und
fein gehackt

---

8 EL Weißwein

---

6 Tomatenfilets
*(die Dose Fileti di Pomodoro
„Le Gemme di Vesuvio" gibt's im Café
La Favorita von Toni Ardente
im Eppendorfer Weg, Hamburg)*

Dolce
Desserts

500 Gramm Mascarpone

250 Gramm Zucker

3 Eigelb

3 Eiweiß

Frutta del bosco con crema di mascarpone Gemischte Beeren mit Mascarponecrème

Für sechs bis acht Personen

- Den Zucker mit den drei Eigelb verquirlen.
- Die drei Eiweiß steif schlagen.
- Die beiden Massen zusammengeben, verrühren und peu à peu die Mascarpone dazugeben. Immer weiter rühren.
- Man kann nie genug davon haben!
- Außerdem ist die Crème die ideale Basis für Tiramisú.

Zur Mascarponecrème (siehe oben) passen hervorragend frische gemischte Beeren, wie z.B. Erdbeeren, Brombeeren, Blaubeeren, da sich die Säure der Früchte und die Süße der Crème gut ergänzen.

200 Gramm reine Mascarpone

8 kleine Baiser

160 Gramm dunkle Schokolade
mit 70% Kakaoanteil,
zum Beispiel Valrhôna

Mascarpone, meringa e cioccolato
Mascarpone, Baiser mit Schokolade

Für vier Personen

- Die Mascarpone auf vier Tellern verteilen und in eine dünne Schicht streichen.
- Auf jedem Teller zwei Baiser zerbröseln und dann die Schokolade fein darüber reiben.

400 Gramm Mascarponecrème
(siehe Seite 160)

10 Löffelbiskuit (Savoiardi)

2–3 doppelte Espresso

10 Gramm Kakaopulver

Tiramisú

Für vier Personen

- Einen Teil der Crème auf eine Platte streichen. Sechs der Löffelbiskuits kurz in den Kaffee tauchen und auf die Platte legen.
- Die Crème darauf verteilen und mit weiteren vier in Kaffee getauchten Biskuits belegen.
- Mit dem Rest der Crème bestreichen und mit Kakaopulver bestreuen.

5 Eigelb
5 Eiweiß
250 Gramm Zucker
250 Gramm Mandeln mit Haut grob gehackt, wie grobe Sandkörner
250 Gramm Schokolade mit 70% Kakaoanteil, gerieben
250 Gramm Butter bei Zimmertemperatur
2 Esslöffel trockener Marsala

Torta di mandorle alla caprese
Mandeltorte Original Caprese

Für vier Personen

- Etwas Butter und Mehl, um die Backform einzureiben
- Die Eigelbe mit dem Zucker mit einem Rührgerät aufschlagen, die Butter hineingeben und weiter rühren.
- Anschließend unter weiterem ständigem Rühren die Mandeln, die Schokolade und die zwei Esslöffel Marsala dazugeben.
- Am Ende die Eiweiße steifschlagen und vom oben bis unten mit einem Schaber daruntermischen.
- Die gesamte Masse in eine Backform geben, die mit etwas Butter und Mehl eingerieben wurde, und 50 Minuten im auf 170° C vorgeheizten Backofen backen.
- Diese Torte hält ohne Kühlung bis zu 10 Tage und wird Ihnen viel Freude bereiten!

160 Gramm Parmigiano Reggiano

1 Abate-Birne

4 Esslöffel flüssiger Lavendel- oder Akazienhonig

Pera parmigiano e miele
Parmesanbirne mit Lavendelhonig

Für vier Personen

- Parmesan hobeln und die Birne in feine Streifen schneiden.
- Das Ganze vermischen, auf vier Teller verteilen und jeden Teller mit einem Esslöffel Honig beträufeln.

Viten

Antonio Cotugno
Geb. 1949 in Neapel, Ältester von sechs Geschwistern. Hat im Alter von 18 Jahren die Hotelfachschule absolviert und ist nach einer Saison in Riccione nach Hamburg ausgewandert. Bis heute ist er ein sehr ambitionierter und leidenschaftlicher Gastronom, der sich immer wieder für diesen Beruf entscheiden würde.

Ferdinando Cotugno
Geb. 1962 in Neapel, Vorletzter von sechs Geschwistern. Er hat seine Vorliebe für Schwarz-Weiss-Fotografie schon als Jugendlicher entdeckt. Antonio Sisto, ein neapolitanischer Fotograf, hat ihn viel über die Technik und die Art zu Fotografieren gelehrt. 1980 ist er nach Hamburg ausgewandert. Seitdem arbeitet er bei seinem Bruder Antonio im Ristorante L'Europeo. Nebenbei fotografiert er und bekommt dafür viel Anerkennung.

Gerd Rindchen
war jahrzehntelang Besitzer und Geschäftsführer von „Rindchen's Weinkontor". Außerdem ist er jounalistisch tätig und veröffentlichte zahlreiche Bücher.

Dank

- Einen großen Dank an alle meine Gäste, die mir unvergessliche Jahre geschenkt haben. Wenn es eine Weltrangliste für die Gäste gäbe, dann wären sie bestimmt die Nummer 1.
- Herzlichen Dank an meine Frau für ihre Unterstützung und Anteilnahme.
- Dank an meine Geschwister für die Recherche nach den Familienfotos.
- Dank an meinen Bruder Nando, der sehr geduldig die Fotos gemacht hat, so wie ich sie haben wollte.

- Einen großer Dank an Gerd Rindchen für seine detaillierte Übersetzung. Es war nicht so einfach, den Sinn meines auf Italienisch verfassten Manuskripts ins Deutsche zu übertragen. Er hat es geschafft.
- Dank meinen Mitarbeitern, die mich unterstützt haben mit ihren Erinnerungen.
- Dank an alle Lieferanten, die über so viele Jahre meinen Perfektionswahn ertragen haben.
- Dank an alle Handwerker, die uns auch an Wochenenden (da sind die meisten Reparaturen angefallen) geholfen haben.
- Dank an Marita Ellert-Richter und Gerhard Richter, die mich so liebevoll beraten haben.

Meine Bezugsquellen

AKI Altonaer Kaviar Import Haus

Schmarjestrasse 44
22767 Hamburg
Tel. 040 381780
www.aki-caviar.de

Alle Kaviarsorten

Andronaco

Beerenweg 24–26
22761 Hamburg
Tel. 040 85179021
www.andronaco-shop.de

Zitronen (Almafi)
Trompetenzucchini
Paprika, rot aus Sizilien
Datteltomaten
Auberginen, Sizilien
Borlotti-Bohnen und viel italienisches
Gemüse
Bottarga
Nudeln aller Art

Antonio Ardente

Eppendorfer Weg 215
20253 Hamburg
Tel. 040 49249768
www.ardente-shop.de

Pomodori von Le Gemme Del Vesuvio
Viele Sorten Nudeln aus Gragnano
Caffè Toraldo
(kräftige neapolitanische Mischung
60% Arabica und 40% Robusta)

Fratelli Picchianti

Lütt-Iserbrook 2A
22589 Hamburg
Tel. 040 36027090
Mobil 01736390739
www.flli-picchianti-italienische-
wurst-spezialitaten.business.site

Salsiccia

Hummer Pedersen

Grosse Elbstrasse 152
22767 Hamburg
Tel. 040 5229939-0
www.hummer-hamburg.com

Hummer
Pulpotentakeln, gekocht und gefroren
Fische aller Art (Seeteufel,
Steinbutt, Seezunge, Kabeljau,
Jacobsmuscheln etc.)
Langostino

Italvime

Eifflerstrasse 40
22769 Hamburg
Tel. 040 434143
www.italvime.de

Gambas (8/12 Block gefroren, Seawater)
Ganze Pulpo gefroren
Burrata
Oliven Leccine
Apfelkapern
Salzkapern
San Daniele Schinken

La Bottega

Mittelweg 24
20148 Hamburg
Tel. 040 41496311
www.restaurant-la-bottega.de

Trüffel
Trüffelöl

La Torre

Lagerstrasse 36
20357 Hamburg
Tel. 040 432 527 80
www.la-torre-hh.de

Peperoni Piquillo
Pulpotentakeln, gekocht und gefroren

L' Europeo

Osdorfer Weg 27
22607 Hamburg
Tel. 040 8992138
www.leuropeo.de

*Anchovis, schon geputzt und in
Olivenöl sowie jeder andere Wunsch
an Zutaten und Wein*

Otto Meinert

Elbchaussee 530
22587 Hamburg
Tel. 040 860921
www.fleischereimeinert.de

*Fleisch aller Art
(Kalb, Rind, Lamm und Innereien)*

Register von A–Z

Register

Impressum / Bildnachweis

Bibliografische Information der
Deutschen Nationalbibliothek

Die Deutsche Nationalbibliothek verzeichnet
diese Publikation in der Deutschen
Nationalbibliografie; detaillierte
bibliografische Daten sind im Internet über
http://dnb.d-nb.de abrufbar.

© Ellert & Richter Verlag GmbH, Hamburg 2020

ISBN 978-3-8319-0783-0

Text: Antonio Cotugno, Hamburg
Rezepte: Antonio Cotugno, Hamburg
Fotografie: Ferdinando Cotugno, Hamburg
Redaktion: Gerd Rindchen, Hamburg
Lektorat: Marita Ellert-Richter, Hamburg
Gestaltung: BrücknerAping, Bremen
Gesamtherstellung:
DZA Druckerei zu Altenburg GmbH, Altenburg

www.ellert-richter.de
www.facebook.com/EllertRichterVerlag

Bildnachweis
Titelabbildung: Adobe Stock © andersphoto
Innenabbildungen:
Janssen, Horst: Zeichnung A. Cotugno
© VG Bild-Kunst, Bonn 2020, S. 37
dpa Picture-Alliance GmbH, Frankfurt a.M.:
S. 30 (Leemage), 31 (United Archives)
Wikimedia commons: S. 22, 36 (Allen Warren),
56 (Raph_PH_SWonderBSTHyde060719)